LOCUS

LOCUS

LOCUS

LOCUS

mark

這個系列標記的是一些人、一些事件與活動。

mark 66 看不見的西藏

作者：唯色

責任編輯：李惠貞

美術編輯：謝富智

法律顧問：全理法律事務所董安丹律師

出版者：大塊文化出版股份有限公司

台北市105南京東路四段25號11樓

www.locuspublishing.com

讀者服務專線：0800-006689

TEL：(02) 87123898　FAX：(02) 87123897

郵撥帳號：18955675　戶名：大塊文化出版股份有限公司

版權所有　翻印必究

總經銷：大和書報圖書股份有限公司

地址：新北市新莊區五工五路2號

TEL：(02) 8990-2588 (代表號)　FAX：(02) 2290-1658

製版：瑞豐印刷事業有限公司

初版一刷：2008年 1 月

初版四刷：2017年 2 月

定價：新台幣 380 元

Printed in Taiwan

看不見的西藏

唯色⊙著

目錄

前面的話

1.

三年前的一個正午，拉薩盛夏的陽光格外強烈，使抬頭就能望見的布達拉宮形同虛設。但我的母親深情地說：無論從哪個角度看孜布達拉（孜是藏語，至上的意思），都那麼美；正面看，背面看，側面看，每一個角度都很美。

我家就在布達拉宮的背後不遠。十幾年前，從剛蓋好的二樓上，可以看見在一日變幻的光線中，使拉薩顯得不平凡的布達拉宮呈現著諸多細微之變，令人知足。我還是偏愛黑夜時分，久久凝視龐大濃重的陰影中，多麼寂寥的孜布達拉散發著靜靜的悲哀，而這種悲哀，只有歸屬於這裡的人自己知道。後來，隨著全社會被捲入市場化，拉薩越來越像中國內地那些奔向「現代化」的城市，我家前面的房子也越蓋越高，終於擋住了看得見布達拉宮的視線。

我一直忘不了母親的這句話。後來，我在拉薩到處走著，常常停住腳步，望一望離我或遠或近的布達拉宮，每次都有些感動地會有新的發現。

2.

也是三年前，我從過去叫做江思夏的那一帶走過，哦，現在已經改名叫做「北京東路」了。過去的江思夏，長滿了鬱鬱蔥蔥的樹林，簇擁著不多的房屋，最著名的是堯西達孜，那是十四世達賴喇嘛來自安多藏地的家族在拉薩的居住之地，很大的宅院，傳統的藏式，如今已然荒廢。至於「北京東路」，

顧名思義，雖然不可與北京的繁華街道相比，但也有著竭力相似的場景。在車水馬龍的兩邊，商店、超市和飯館挨肩接踵，間雜著酒店、歌廳和髮廊，門口小販在賣雪糕爆米花也在賣一鍋鍋的紅燒豬蹄。

我聞到了一股股讓人噁心的味道，尋味找去，街邊立著一個個敞開蓋子的鐵桶，正是撲滿蠅蟲的泔水桶，從旁邊「樂山祥瓊豆腐」飯館出來的外來妹，把一盆殘湯剩羹嘩啦一下倒進桶裡。拉薩的味道已經變了。

這股異味促我動念，要寫一本這樣的書：不是觀光客看得見的拉薩，恰是許多人看不見的拉薩。幾乎不加思索，我最早寫下的，是這兩行：

我想要描繪的拉薩，並不是我描繪的拉薩；
而我正描繪的拉薩，已是五蘊熾盛的拉薩。

3.

「五蘊」乃是佛門術語。我熟知的是心經裡那句偉大的話：「觀自在菩薩行深般若波羅蜜多時，照見五蘊皆空，度一切苦厄。舍利子：色不異空，空不異色；色即是空，空即是色，受想行識，亦複如是。」

「五蘊」即是「色受想行識」。還有一個詞：「五毒」，包括「貪嗔癡我慢」。

有內因，更有幾乎吞噬一切的外因；內因不必說，外因來自於極權體制，尤其是今天，當殖民主義的歷史還繼續在人們的血液中運作，新帝國主義已經在不斷地介入當下的生存空間[1]。但西藏古老的佛教經典中也有一句話，翻譯過來的含義是：「在你周圍的一切事物中能辨認出涅槃，在所有的聲音中能

---

[1] 這句稍作改動的話，原話見台灣學者陳光興《去帝國化——亞洲作為方法》，頁34。

聽聞到眞言，在一切眾生中能看見佛陀……」這是否意味著，亦可化腐朽爲神奇？比如，腐朽的是現實，神奇……但神奇何時降臨，我不知道。也許，神奇降臨之時，拉薩可能已經消失了。

4.

這本書的原名是《看不見的拉薩》，但完稿之後，顯然應該更名爲《看不見的西藏》了。需要補充的是，爲了從各個角度來再現「看不見的西藏」，我在這本書裡，採用了隨筆、箚記、詩歌、遊記、散文、報導、評說等文體，以及許多圖片。

多數照片是我在拉薩以及環繞拉薩的其他藏地遊歷時所拍，有幾張照片是我的先生王力雄、喇嘛尼瑪次仁和一位年輕的安多友人所拍，有關「囊帕拉事件」的照片是目擊現場的國際登山者所拍。另外，還有一些繪畫，是幾位藏人畫家的畫，比我的文字更有力量，爲此感謝住在拉薩的畫家次仁念紮（Tsering Nyandak）、羅布次仁（Norbu Tsering），感謝旅居在加拿大的畫家Tenzin Dhonyoe。在他們的幫助下，我們共同呈現今日的西藏。

依然還要感謝大塊文化，繼2006年出版我的三本書之後，又用繁體中文慷慨地助我建構文字和圖片中的西藏。

紮西德勒（吉祥如意）！

唯色（Tsering Woresr）

2007年12月3日，北京

紅
塵
中
的
氣
象

上金・點燈・化緣・磕長頭

上金

給佛像上金古來有之，流於習俗。儘管佛陀時代，對待金銀珠寶就像對待榮華富貴，棄之如敝屣，視之如糞土，連袈裟的顏色都專挑卑賤者才用的顏色，但那是出家人的淡泊心境，尋常眾生哪有這般超脫？西藏人的財富觀裏，金銀珠寶乃最重要的有形資產，一顆稱作「矢」（天珠）的一眼直至九眼天珠是要代代相傳的，足以在各種聚宴上增添熠熠光彩，吸引無數眼球。因為如此熱愛金銀珠寶，西藏人也把這份熱愛無以復加地供奉諸佛，這是無上的光榮，不但照耀今生，還會澤被來世。故而西藏的座座寺院盡皆金壁輝煌，尊尊佛像無不金光燦爛。你也上金，我也上金，如果買不起金，那就懷著隨喜的心情看別人上金，也是人人有福啊。

我就經常這樣，樂滋滋地看著衛藏人、康人或安多人，有時是一個人，更多時候是一群人，大家湊錢，擁擠在氣定神閒的「祖拉康」（大昭寺）喇嘛跟前，請他在一把專用的小秤上放一撮薄薄的金箔，那都是來自尼泊爾的黃金，據說純度最高，其計量單位為「朵拉」，一個朵拉相當於13克，折合人民幣2400元。通常給「覺仁波切」（釋迦牟尼佛像）臉上上金，需要兩克，折合人民幣300元；給全身以及鄰近的幾個佛像臉上上金，需要四個朵拉，折合人民幣9920元。待那把小秤精確地稱出金箔多少，便由另一位喇嘛將金箔傾入一個小小的陶碗裏，添上開水，使其溶化。這位喇嘛通常在寺院中最擅繪畫，天生極好的美感。他戴上口罩，意在避免濁氣吹拂，那是不敬行為。他靠近佛像，用毛筆飽蘸化為液體的黃金，再恭敬地輕抹在佛的面容或身體

上，就像是一位秉承殊榮的美容師。而那些奉獻黃金的平凡藏人，穿著厚厚的油膩的羊皮長袍，女人有無數的纏著碎松石的小辮子，男人則解開盤繞在頭上的紅線穗，或席地而坐，念誦滔滔不絕的禱告，或此起彼伏，行著五體投地的大禮。我亦效之，跟不上幾句祈禱，就磕上幾個頭，算是沾他們的光。上金是有特殊待遇的，可以繞佛三匝，也可以把手上的戒指、腕或脖子上的念珠、胸前的「嘎烏」（護身盒）等交與喇嘛，請他接觸佛身，表示領受佛的加持。末了，還可以戴上一條寺院相贈的潔白哈達，那是上金者的標誌，我常常蒙混其中，呵呵，受之有愧，故而也供奉過兩三回金，只是300元的那種。

但有一些上金者卻令人比較不快。通常是一些時尚的漢地都市男女，跟著一位看上去像是活佛的西藏僧侶，不是「上師、上師」地大呼小叫，就是用相機對著佛像沒完沒了地閃光，不像在專心朝聖，更像是到此一遊。至於活佛，一般年紀不算大，一般地位不算高，一般經常穿梭於內地和海外的滾滾紅塵之中，神情間有幾分矜持，畢竟他為寺院帶來了出手闊綽的「敬達」（施主）。我無法不認為這是一種庸俗。我寧願看見凡夫俗子的庸俗，比如康地的一個鄉野村夫棄農經商，買賣土特產頗有幾分收穫，他把這看作是去年專程到拉薩給覺仁波切上金的成果，故而他今年又至，再次上金，並且熱切地高聲禱告：「覺仁波切，去年你讓我賺了四萬塊錢，如果你今年讓我賺八萬塊錢，明年我還來給你上金！」

確乎如此。現如今給覺仁波切上金的人越來越多，無人不信經典中承蒙佛陀親自開光的覺仁波切靈異無比，我也深信不疑。然而上金太多，反倒使得美麗的佛顏變得胖乎乎的，顯得不那麼好看，僧人們笑說需要「減肥」，這就得用刀輕輕地刮去厚厚的金粉，再把刮下的金粉重新溶化貼給其他佛像，或者轉贈邊地的偏僻小寺。如此「減肥」在過去每年不過一次，但現在差不多兩個月就得重刮一次，不然很快又會胖得變形。有種說法，認為每次去見覺仁波切都會看見不一樣的神情，或歡喜或憂傷或鬱悶，而這不同的神情預示著

不同的運數，當然這是對觀者而言，且因人各異。但據我觀察，覺仁波切那變幻莫測的神情往往與上金多少無不有關。隨著日漸臃腫，佛陀不變之相也日漸猶如眾生多變之相，於是種種煩憂上不心頭卻上眉頭，世俗化的魔力之大莫過於此，所幸這一切只是表像，一旦「減肥」之後，覺悟的光芒又將再度從內心煥發，令相好圓滿。

其實這無比尊貴的佛像從來命運多舛，姑且不提那遙遠的陳年舊事，就說彈指一揮間的三十九年前，在一場紅色的革命風暴的席捲下，據說整座寺院被砸得僅剩獨此一尊，但也蒙難，遭紅衛兵揮鎬砍擊。幾位老僧回憶，覺仁波切的頭上還被戴上高帽，高帽上寫滿種種侮辱性的語言，而滿身的金銀珠寶、綾羅綢緞全都不翼而飛，連臉上和身上的金粉也被刮淨。甚至原有的五套綴滿珍寶的純金五佛冠，鑲嵌在眉心間的一顆稀世之寶，盡皆神秘地不知下落。覺仁波切就這樣帶著累累傷痕，赤裸裸地跏趺而坐在被玷污的蓮花座上。惟有那頂純金打制的華蓋，因被多年的香火薰染得漆黑，難以辨認，故而倖存。一位居住在帕廓北面的老婦告訴我，那時候，覺仁波切周圍的殿堂都變成了豬圈，裏面養著臭氣熏天的豬，樓上則住滿了「金珠瑪米」（解放軍）。她被派去送過豬飼料，看見一絲不掛的覺仁波切落滿厚厚的塵土，盤著的左腿上有一個小小的洞穴，偶爾有膽大的藏人悄悄地用勺子伸進洞裏，掏出一種像黑炭似的碎屑，她後來才知道那是很珍貴的藏藥叫「佐台」。她曾跟剛出獄的舊日貴族拉魯·次旺多吉在一起勞動改造，拉魯透露，他每次去送豬飼料都要掏些佐台一口吞下，他說那是「琴典」（法藥），加持力很大。

2004年藏曆新年期間，我在「覺康」（釋迦牟尼佛殿）意外地遇見了給覺仁波切上金的拉魯一家。九十高齡的拉魯坐在一把椅子上，面對更為古老的佛像垂首閉目，瘦削而衰枯的面容上看不出任何表情。而他的後人當中，似乎未見當朝新貴的那位，但見紅袍加身的那位，十分活躍，跳上竄下，舉著數位相機頻頻沖著覺仁波切不停地閃光。人事無常，佛陀見證，果然如是。所以佛之法身美妙無比，佛之微笑從來悲憫。

點 燈

有一個流傳已久的故事，是說一位鄉下老婦千里迢迢走到拉薩，爲的是在覺康供奉一盞酥油燈。她這麼辛苦，何以不多供幾盞燈呢？原因很簡單，她是一個窮人，她傾其所有，也只夠在一盞用糌粑捏的燈裏倒入她捨不得吃的酥油。誰會明白她的心意呢？連「規尼啦」（廟祝）也催促著她快走、快走，別舉著小小的一盞燈，擋住了慷慨無比的大施主。她諾諾應著，把小心呵護的糌粑燈放在了純金或純銀打制的燈盞之間，那些燈，既精美又巨大，滿滿的酥油可以讓粗粗的燈芯通宵明亮。不像她的，過了不多久就會油盡燈滅。但她很滿足。已經把燈獻給了覺仁波切，那麼就快快樂樂地回家吧。不過故事還沒完。因爲第二天乃至許多天，老婦供的那盞燈一直亮著，輝映著覺仁波切蘊含深意的笑臉。

這具有教化作用的故事，爲的是規勸人們要有一顆虔誠的心。就像漢人有句老話：精誠所至，金石爲開。這位老婦甚至不要金石打開的結果。因爲她並不知道她的糌粑燈變成了長明燈，她的滿足在於她的心願已經實現。只是這樣的結局未免神奇，聞者往往將信將疑，而長明燈的光芒反倒使得老婦猶如菩薩化身。其實這正是我的心理。直到我親眼看見一個老太太就像現身說法，不由我兩相對照，恍然大悟。儘管我看見的老太太並沒有舉著酥油燈走進覺康，而是舉著一張又髒又破的一角錢，恭恭敬敬地供奉在覺仁波切的足下。她飽經風霜的臉，她風塵僕僕的長袍，她無比專注的凝視和無比專注的祈禱，都不如她接下來的一個動作令我會意。當她走到另一尊佛像跟前，手中空空的她撿起別人供奉但掉在地上的一角錢再次供奉上去，是那樣地全心全意。

我還見過更感人的一幕，那是2000年年初，天氣格外寒冷，兩位來自康地的苦修喇嘛在覺仁波切的跟前燃指供佛。據他們的同鄉介紹，兩位喇嘛在離開家鄉前即用布條緊緊地包裹一根拇指，使其神經壞死，而後一路磕著等身長

頭，一年多後才抵達覺康，點燃被酥油浸透布條的拇指。這是一種今已罕見的苦行，如此獨特的酥油燈燃燒著驚人的火苗，映照著兩顆難以言述的奉獻之心。

所以喇嘛尼瑪次仁說，儘管今天寺院裏香火很旺，穿金戴銀的人們動輒就點千盞燈，但一盞燈的功德並不比千盞燈的功德少；甚至，一盞燈足以照亮成佛之道，而千盞燈仍然驅散不了輪回的黑暗。更何況現如今的市場上，不但人吃的酥油有摻假的，給佛供奉的酥油同樣有摻假的。美其名曰北京酥油、內蒙酥油、尼泊爾酥油等等，但已不是草原上的牧人從犛牛奶中提煉出的酥油，而是某種植物油。究竟是什麼樣的植物油呢？很抱歉，我忘記做這方面

的調查了，我只知道，植物油比犛牛酥油便宜多了。很好的犛牛酥油18元一斤，而最常用來點燈的尼泊爾酥油六七元一斤。這還算不錯，有一種點燈的油才兩塊錢一斤，看上去黃燦燦的，清澄澄的，但一點燃就冒出縷縷黑煙，天長日久，把佛像和佛殿薰染得斑駁陸離。當然，佛像無語，任那黑煙飄拂，可是終日侍奉在側的僧人，日子就難過了。喇嘛尼瑪次仁說，那些假酥油很嗆人，有股臭味，聞著頭疼，而真正的酥油有草原的味道，即使晚上走進佛殿，卻感覺像是清晨，氣味十分清新。

為什麼，人的貪心，竟然連供奉也不放過呢？

化緣

托缽僧這個詞，即使不必望文生義，也能看出它是屬於古代的。所以當遠道而來的Azara，把我們遇見的那個跳舞的僧人比作托缽僧時，我很感動。Azara說，他的形象符合釋迦牟尼為出家人確定的標準：不是要飯的，是給眾生施捨愛的。

那是冬日的正午，陽光溫暖著每個眾生，不論你有權無權、有錢沒錢，也不論你有沒有戶口或身份證。同樣，那些跟著轉經的老人回家的「阿不索」（卷毛狗）、「京哈巴」（北京哈巴狗）和放生羊，陽光也照耀在牠們身上。是的，拉薩的陽光跟各地的陽光一樣，熾熱與照明功能，當下乃發生；但也不一樣，其強烈程度使得光明與黑暗形成鮮明的對照，我見過一個喇嘛拍的照片，一束斜斜的光線，打在高牆下正在誦讀經書的年幼僧人的臉上，由於光與影的效果，他那明亮的臉，恰是周圍黑暗中突然綻放的美。拉薩的陽光，幾乎每天降臨到這個曾經擁有宗教意義的地域，如同送去最後的眷顧。但，又有誰，會更多地留意呢？

就像在北京東路的路口，那在過去是大片的「江思夏」（有很多樹林的地方），一位顯然來自邊遠藏地的年輕僧人，以其介於宗教和民間的舞姿，默默地、不知已經舞蹈了多久。有一些駐足圍觀的人，但不多，看上片刻又繼續走自己的路。倒是我們，被久久地吸引了。跳舞的僧人其實是化緣的僧人。他化緣的方式就是他的舞蹈。他化緣的工具只是一個裝鞋的紙盒子，就放在鋪著地磚的街道上，裏面有幾張面額不等的人民幣。旁邊，一個小小的錄放影機正放著類似於色達喇榮五明佛學院的僧侶錄製的道歌，帶有草原牧歌和說唱格薩爾的韻味；一團裹得緊緊的羊毛卷，難道是他在寒冷晚間聊以暖身的被子？

Azara說的沒錯，他確實蘊含著僧伽生活中某種古典的美。我不是指他那少年俊秀的面龐。無論當時的現場還是如今的圖片，他的絳紅色袈裟上，錯落有致地披掛著紅黃藍白綠五色綢巾；他的雙足上套著兩串銅鈴，不時發出清脆的響聲；而他幾乎不抬眼，總是低垂著眼簾，雙手捧著一條潔白的哈達，兀自旋轉、踢踏、起伏，似乎當街舞蹈並非為的是討要幾個錢，甚至有這樣的一層意思：給不給都無所謂。有趣的是，他腳穿一雙紅藍紋路相間的運動鞋，如同好萊塢的那個蝙蝠俠披掛的色彩。

但我的眼前，除了翩翩起舞的僧人，還有他所在的場景。那是鬧市也是紅塵中的一個場景，有著散發臭味的垃圾箱、出售電話卡的報刊亭、掛滿紅燈籠的賽康商場、張貼著時尚男女的廣告牌。那個場景，一個拿著一大堆五彩氣球的女人正在討價還價，另一個女人，守著堆滿各種飲料的冰櫃不停地吆喝。稍遠處，龐大的陽傘下，一堆堆即將過期或已經過期的商品正在降價兜售。至於紅綠燈閃爍的丁字路口，各種車輛川流不息，人們行色匆匆。兩相對照，出現的是一種悖論，或者說，時下流行的一個詞：吊詭。我無意表白我有多麼敏銳，能夠一眼看見繽紛的亂象，以及在亂象中突然出現的這個或那個隱喻。比如，當他舞蹈時，我從數位相機的鏡頭中看見他身後的廣告牌上，手持新手機的周杰倫也在舞蹈著。

那麼，我要不要說說另一種化緣的僧人？那不應該是「古修啦」（先生或喇嘛），雖然在拉薩的街上時常會遇到，並且被尾隨著，被哀求著，被生拉硬扯著，被嬉皮笑臉著，硬要從你的荷包中討得幾個錢。有的還會給你看一張蓋著大紅章印的證明信，說是寺院派來化緣的，但那神情，好遺憾，分明像個假行僧。

磕長頭

光是拉薩城裏，就有四條古往今來的轉經路，因此在轉經路上看見磕長頭的人再平常不過。但如今有所不同，尤其在車水馬龍之中驀然看見磕長頭的人匍匐著，或隱或現，往往心裏會有一陣悸動。在過去，完全可以這麼說，路是屬於他們的；每一條環繞祖拉康的轉經路，都在親切地問候這些風塵僕僕的信仰者。但現在就不可能這麼肯定了。儘管這四條轉經路還叫「囊廓」、「帕廓」、「林廓」和「孜廓」，而且今非昔比，不是鋪上了石頭就是鋪上了柏油，再也不會塵土飛揚，再也不會污泥濁水，大大方便了廣大信教群眾的宗教生活，但是，甚至，仍會猶豫地思忖：如今的轉經路還是屬於他們的嗎？

連他們自己似乎已不屬於今天。那一脈相承的三步一個等身長頭，那一身胸掛牛皮、手持木屜的特殊裝束，那一個個磕破的額頭上擦不盡的塵土猶如鮮明的記號，看上去多麼古怪，看上去多麼不合時宜，恰恰值得趕緊舉起相機的各地旅遊者們無比稀罕地不停抓拍。細想起來，恐怕只有從他們各自的偏僻家鄉，一直伸延到拉薩的這條漫漫長路或許是屬於他們的。當然，就像廣告裏說的，有路必有豐田車，每一條通往拉薩的路上車輪滾滾，很快地，火車也要向著拉薩跑。但是，至少，就像道登達瓦帶領全家磕著長頭快到拉薩時，拐過一個彎彎的路口，萬分喜悅地看見天邊雲靄重重，卻彎彎地畫著兩條彩色的弧線，使渾圓而褐黃的山巒、鋪滿裸石的山坡、一座座由乾牛糞和

18

經幡裝飾的房屋披上了異樣的綺照，那是兩道絢麗的彩虹，爲虔誠的朝聖者顯現吉祥的奇觀。

道登達瓦回憶說：「那年『洛薩』（藏曆新年）過了，春天快到了，我想我們全家乾脆磕頭去拉薩。我給『囊姆』（妻子）、兒女說了，他們都願意，有幾個親戚和鄉親也想去。我們一共九個人，就從曲麻萊（位於青海省玉樹州）磕著頭出發了。那時候我四十歲，女兒還不到二十歲。我們白天磕頭，晚上睡在自家的帳篷裏，專門有一個人拉著一輛木板車，車上放著我們的日用品，他一口氣拉上很遠很遠，然後再回來跟我們一塊兒磕頭往前走。路上有個人生病了，在格爾木醫院住了二十天，用了一萬多塊錢，把我們身上值錢的寶石都給換了錢，病也沒全好，只好在沱沱河又住了大半年，沒錢去醫院，我就用我的土辦法給他治病，慢慢地也就治好了，接著又磕頭往前走。路上我的小兒子生下來了，我女兒的兒子也生下來了，就這樣，兩年後，我們才到了拉薩。我們終於見到了覺仁波切，拉薩周圍能去轉的寺廟也都去轉了，其他人就回家了，我們全家留下來了。我是這麼想的，我哪里都不去了，我要在『夾波日』修個塔子……」

其實在這之前，道登達瓦曾經繞著帕廓，磕了整整一年多的長頭。他磕頭跟別人不一樣。別人或者走三步磕一個等身長頭，或者每一步都是一個等身長頭，這已經算是夠苦行的，而他更苦行，因爲他是面朝祖拉康，雙腳平行，步步橫移，更爲費時又費力……整整十年，尤其每逢吉日，道登達瓦風雨無阻，坐在繪著滿壁色彩繽紛的諸佛菩薩的山下，如同古代的托鉢僧那樣化緣。給他佈施的人都是他的父老鄉親，跟他一樣的善男信女，哪怕是一角錢也要恭恭敬敬地交給他。十年後，在布達拉宮所座落的瑪波日神山的斜對面，又被稱爲藥王山的「夾波日」，出現了一座用石板壘砌的佛塔，石板上刻的是大藏經《甘珠爾》。美麗的佛塔就在林廓路上，那些遠道而來的磕長頭的人，會在此處得到慰藉。

2005年2月，北京

碩鼠・門票・請柬・蘑菇燈

碩鼠

老鼠的出現似乎是突然的。我指的是那些猶如變異的老鼠，個個肥碩，顏色深暗，卻異常敏捷，在稍縱即逝之時，看見的僅僅是一條粗大的長尾巴如同胡亂揮舞的長鞭。有的也會緩緩地匍匐而行，可能貪吃太多，滾圓的肚皮使相對細小的四肢不堪其負，但更覺怪異，因爲在這裏，被稱爲「世界屋脊」的西藏，從未有過如此酷似「吱吱」卻又不似「吱吱」的動物。

「吱吱」是藏語裏對老鼠的稱呼。確切地說，吱吱是本地老鼠，拉薩的或者遠至康和安多的老鼠。正如其名乃象聲之詞，發出如此微弱聲音的老鼠實在很小，灰白的身子不過拇指之長，亮晶晶的眼睛忽閃忽閃，倏然間，倒是很像神話裏的小精靈。聽小時候在日喀則鄉下老家的媽媽說，那些吱吱在屋裏跑來跑去，並不怕人，而人們還常常餵它們糌粑吃。當然它們也會把家裏的衣物咬出一個個小洞。我在休色寺就見過一個「阿尼」（尼姑）的「宗教職業人員」證被咬掉一小角，那是政府頒發的，巴掌大的紅皮本，有了它才允許成爲一名正式的出家人，否則不作數。休色寺位於拉薩郊外一座高高的山上，風景如畫，令人心曠神怡，三天後我回到家中，居然從背包裏跳出一個小吱吱，轉眼消失在我家的花叢間。

居於鬧市之中的大昭寺裏，偏偏在護法神「白拉姆」（吉祥天女）的塑像跟前圍聚的吱吱最多，稱得上是特色之一。傳說這些吱吱是白拉姆餵養的小蝨子的化身，因而也就多少沾了些白拉姆的神氣。所以喇嘛們都不肯驅之逐之，任其穿行於一盞盞火苗搖曳的酥油供燈之間，啄食著朝佛者拋灑的青稞。我

父親在三十多年前拍過一張黑白照片，三目圓睜的白拉姆笑顏逐開，正在奔跑的幾隻吱吱眼瞳發亮。文革前入藏的一位漢族文人廖東凡，親眼看到「有的小耗子甚至蹲在女神的五佛金冠上」，從容地打量著「五體投地的膜拜者」。據說它們的屍骸還可交換犛牛，虔誠的邊地藏人將其皮製成了護身符，頗爲自豪。當然啦，這已是很早以前的往事了，而今要尋覓一隻這樣的吱吱幾無可能。

難道一夜之間，吱吱就消失殆盡？取而代之的，竟是幾年前，我在一篇小說裏講述的：「如今的拉薩，不知怎麼搞的，老鼠多如牛毛，大如幼犬，遍地都有它們觸目驚心的窩，連死也要死在顯明之處，叫你噁心，卻又避之不及。有人說它們是坐飛機或汽車來的，與這裏的老鼠雜交後成了這副樣子。」

應該說，我基本上說得沒錯，只有一點說錯了，那就是，並不存在雜交的情況。寺院的僧人們告訴我，吱吱都被咬死了，那些坐飛機乘火車搭汽車來的「援藏」老鼠太厲害了，吱吱哪裡是它們的對手啊。「援藏」老鼠？哈哈，這名字太有趣了。

於是我在2004年夏天回到拉薩時，在大昭寺目睹驚人的一幕：一群碩鼠揮舞著罕見的長尾巴，公然地在各個佛殿來回馳騁著，足以讓挨肩接踵的朝佛者心驚肉跳，卻毫不畏懼人們的呵斥和驅逐。而在因文革被砸爛又重新修復的白拉姆像前，我正伏下頭要默禱幾句，卻被耳邊異常尖銳而短促的叫聲嚇得魂不附體。顯然不是人類的叫聲，我差點相信是魔鬼發出的，但那只牢牢地抓住盛滿了青稞和大米的銅盆邊沿的碩鼠，是的，就是它，賊眉鼠眼，鬚毛直豎，別提有多醜，竟然還在叫，兇狠地朝著幾乎零距離的我發出駭人的警告。

我從未聽說老鼠亦是一種食肉動物。似乎不應該吧。但不止一個人給我講過這種老鼠吃吱吱的故事。不光吃吱吱，喇嘛阿曲說，連他的老家，拉薩近郊的堆龍德慶縣的農村裏，也有了這「援藏」老鼠，把他家的泥土牆挖得空穴來風，把裝糧食的口袋咬得漏洞百出；晚上，它竄上樹枝，搗翻鳥巢，把小鳥都吃光了。天哪，這樣的民間故事未免太魔幻了。可是，記得中國古書《詩經》裏說過「誰謂鼠無牙？」既然有牙，自然也就無所不吃吧。

我對這碩鼠產生了濃厚的興趣。以後，我每去一座寺院都要留意碩鼠的情況。於是我看見，這些碩鼠揮舞著罕見的長尾巴，奔馳在大昭寺、哲蚌寺、色拉寺、木如寺、倉宮寺以及所有的寺院裏，穿行在帷幔之間、唐卡之間、法器之間、燈盞之間，更經常地是從這尊佛像竄到那尊佛像，吃綢緞的佛衣不說，還專咬佛像的底座，咬出洞來，鑽進去，大啖裏面裝的「聳絮」（珍寶和聖物）。怎麼辦嘛？「紮巴」（普通僧人）甲煩惱地說，想殺牠們不行，不殺牠們也不行。看來這猖獗的碩鼠竟使得僧人也起了殺心。紮巴乙則頗為神

秘地自問自答：很奇怪，為何這些老鼠這麼憎恨寺院呢？莫非它們是文革時砸寺院的紅衛兵重又投胎？另一座寺院的僧人無奈地說，我們專門請防疫人員給老鼠下了藥，起先很靈，可沒過多久出現的老鼠更多。那就給它們吃避孕藥吧，我終於這樣建議，雖然覺得對僧人說似有不妥，可這也是如今國際上流行的一種保護生態的措施啊。

我當導遊的表弟也給我講了一個關於碩鼠的故事。他是德語導遊，經常帶著德語國家的遊客在拉薩轉悠，去的最多的地方自然是寺院。有一回去哲蚌寺，那是格魯教派著名的三大寺之一，在並不遙遠的過去，曾經有七千七百人，穿絳紅的袈裟，把心交給佛法的學習和修行。我喜歡這寺院的名字，白白的米堆積在山腰上，用來形容塗著白色顏料的殿堂和僧舍在明亮的陽光下宛如米粒一般，讓人的想像變得十分美好。

表弟告訴我，走在當年容納數千僧人的措欽大殿，混合著酥油味的香火撲面而來，斜射的光線照亮沉鬱的局部，一尊尊特別巨大的佛像跏趺安坐，默然無語，使得川流不息的遊客和香客不禁放低了聲音，減緩了腳步。表弟是一個稱職的導遊，同時也保留著藏人的習慣，在如數家珍時會尊敬地雙手合十，更加吸引這些西方人對異質文化的興趣。突然傳來響亮的驚呼，循聲望去，團隊中的一個老婦左手掩嘴，右手遙指眼前金壁輝煌的大佛，無比驚訝的樣子。不看倒罷，一看眾人莫不瞠目結舌，因為那美麗而莊嚴的「絳白央」（文殊菩薩），她蒙著金銀華美之服的胸口正明顯地起伏。表弟說，那些老外全傻眼了，我也愣住了，絳白央就像活著的人在心跳，不，更像是傳說中顯靈的神，誰看見都會覺得一個奇蹟正在發生。圍聚而來的人頓時很多，眼見絳白央似乎將要起身離座，連信仰上帝的老外也激動地合攏雙手，更別提手擎酥油供燈的虔誠藏人已熱淚盈眶，但如此熱切的期待卻轉瞬落空，因為，一隻碩鼠，竟鬼頭鬼腦地，從身披重重綢緞的佛像胸前冒了出來，卻似也被那麼多雙被它嚇住的眼睛所嚇住，大眼瞪小眼，小眼瞪大眼，只見它嗖地一躍，高舉著長尾逃之夭夭，眾人慌亂閃避。原來是個老鼠在作怪啊。有

人忽然哈哈大笑，接著紛紛大笑開來。那些老外笑成那樣，我表弟說再笑就會笑出高山反應。當然他自己也不亦樂乎。只有走上前整理佛衣的喇嘛沒有笑。他嘟囔著，別是又偷吃了耆絮，那就糟了。

一天傍晚，我與母親轉「孜廓」（環繞布達拉宮的轉經道），在宗角祿康的水塘邊，憑欄處，重重疊疊的經幡垂掛下來，輝映著漫天的霞光，叫人為這片刻的美景生起歡喜。但快樂剛剛來到心間，突然，十多個巨大的老鼠尖嘯著飛馳而過，有的緊貼著地面跑過，有的幾乎從腳背躍過，叫聲激越而可怖，猶如在宣佈一場瘟疫的降臨。我真的不是故意渲染，我確實是在如實地描寫，如果非要說我超現實，只有卡繆的《鼠疫》才像是未來的圖景。難道不可能嗎？這麼一群群變異的碩鼠，難道不會在某一天給這座古城，不，日新月異的新拉薩，帶來難以抵禦的瘟疫嗎？迅雷不及掩耳之時，千年不遇的瘟疫降臨，使得這往日的聖地啊，就像卡繆寫的，「成了一座與世隔絕的孤城」。

門票

第一次看見這門票，我把它歸為拉薩新氣象之一，因為它是在2003年7月才出現的。過去薄薄的紙門票搖身一變，變成了一張小小光碟，印著大昭寺遠景和僧人們在大殿誦經的圖片，外加一層塑膠薄膜，頗有鳥槍換炮的意思。據說這叫「多媒體光碟門票」，通過電腦光碟機，還可放映一小段介紹大昭寺的影片（我試過五六張，只聽得電腦吱吱呀呀，就一片漆黑，當機了。難道我的運氣不好，試的光碟恰好都有毛病？）。當然票價也水漲船高，從35元變成了70元。

看來大昭寺的門票也在與時俱進，不過這時髦的門票，卻並非寺院僧人的創舉，而是另有他人大包大攬，花落誰家也就不言而喻。但如今這世道很有意

思，明明是明火執仗，卻偏要拿寺院做擋箭牌。任誰去問，反正每張61元的大頭歸了寺院。那麼，零頭呢？可別小看這零頭，在旅遊旺季，大昭寺的遊客有時日達三千多人，而這新門票發行不過兩個月，被拿走的零頭已達五十多萬元。那麼，一年的零頭是多少？十年的零頭又是多少？獅子大張口啊。

之所以提到十年，是因為那頭躲在暗處的獅子（不，我不願意把他們比作西藏人喜愛的雪山獅子，出現在寺院牆上的六道輪回圖裡的那頭黑豬，倒是與其匹配，恰巧象徵貪婪），硬是仗著人勢，逼著寺院簽下了承包十年門票的合同，簡直是坐收漁利的好買賣啊。一張門票的成本會有多少？一萬張門票的成本又會有多少？如此漁來的利，何等暴利！從這點來看，他們倒不像蠢笨的豬，更像狡猾的狼，常常披著羊皮在羊群中行走，並且行動。可是，誰敢把撈錢的手伸向寺院呢？調查的結果如同好萊塢電影，一位神秘女子浮出水面。還在2002年，這位長期在尼泊爾經商、一回到拉薩便當上自治區政協常委的中年女子，突然找上大昭寺的門，指名要求承包門票，許諾可以利益分成，你八我二或你七我三之類，但被寺院婉言回絕；見利誘不成，馬上拉下臉來，當場放話，不答應也罷，俺自有辦法令你就範。她果然神通廣大，很快搞掂，得意洋洋地把一紙合同扔給了大昭寺。寺院起初還想抵擋不從，但最終在一位分管旅遊業的政府副主席的親筆指示下，以及市民宗局幾個局長的多次督促下，不得不蓋章簽字，覆水難收。

神秘女子何許人？乃某位大活佛的女兒也。既然她老爸是西藏宗教界目前在中國政府中地位最高的人物，既然政府慷慨地斥資千萬給她老爸蓋了一棟每個角落都有武警戰士守衛的豪華別墅，誰敢不買她的賬？一個名為「創跡文化傳播有限

公司」現身了，而神秘女子正是那個創造奇跡的公司背後的隱形人，她那只天生會攢錢的巧手不僅伸向大昭寺，哲蚌寺和色拉寺的門票也變成了多媒體，聽說小昭寺和帕廓街的阿尼倉宮寺也將如法炮製。算算看，有多少Money會像滔滔江水源源不絕地流入他們的荷包？

其實作為「世界文化遺產」，大昭寺早該把門票提價，實際上此前也曾按程序多次申請過，卻一直未被理睬，而今大人物的女兒去辦卻暢通無阻，那是因為70元減去61元，餘下的9元，她拿走7元，市民宗局也拿走2元，大家各自有份，豈不皆大歡喜？說起來寺院得的是大頭，也該開心才是，何況乎買門票的都不是藏人，而是來自五湖四海的中外遊客，他們一般不在乎區區70元。可如此行徑難道不是一種明目張膽的欺騙嗎？這豈不是讓我們違背戒律嗎？僧人們愁眉不展。但那女子卻心安理得，有時候還徑直入寺去拜佛，僧人們紛紛嗤之以鼻。一次，有僧人直言不諱地批評，卻被前來視察工作的官員警告，說是不能提及她父親的大名，否則會影響穩定，這倒是饒有趣味的托詞。

說到門票，大昭寺的一位老僧回憶說，文革結束後，重新修復的寺院再次開放。度過了那麼多年不准信仰宗教的歲月，人們已經很多年沒進過祖拉康了，所以來朝佛的人特別多。當時曾向信徒售票，就在今天信徒磕長頭的大門口還架著欄杆，每天只賣兩千張票，每張票一毛錢，所以很多人從夜裏就開始排隊，常常通宵達旦地排隊，睡覺就睡在地上。那時候大昭寺整天開放，天黑了，如果不趕緊關門的話，還會有很多人進去朝佛。「寧傑」（可憐）啊，那麼多的西藏人，已經有那麼多年沒見過覺仁波切了。很多人都哭。邊哭邊說，想不到這一生還能有機會見到佛，沒想到啊，還會有這麼一天。後來「班欽仁波切」（十世班禪喇嘛，"仁波切"又可譯為活佛）回到拉薩，在大昭寺舉辦法會給信徒摩頂時，排隊的人都排到了郵電大樓那裏，有幾公里長。有一個人還被擠死了。信徒是那麼多，突然間，一下子冒出來那麼多，不光是老人，還有很多年輕人。如此狂熱，這是文化大革命時候不敢想像

的，就像是被堤壩攔住的大水一下子沖出來了。那種勢頭比現在還屬害，眞是奇怪啊。再後來胡耀邦來拉薩時，說不能給信徒賣票，從那以後，各個寺院都不向信徒賣票了。

請柬

那是一個星期三，明白的人都知道每週的星期三如同宗教節日，不明白的人也會發現恰恰那天，整個拉薩轉廓拉的男女老少要比平時多得多。爲何是星期三呢？延續了幾十年的傳統像一個心照不宣的秘密，人人心中有數，我說的是西藏的信徒們。那麼，要不要我透露一點？據說達賴喇嘛的誕辰日正值星期三。

大昭寺廣場的兩個香爐塞滿了柏枝，煙霧彌漫，使得高高的祥麟法輪和燦爛的金頂若隱若現，猶如舞臺上的仙境。我也去朝佛。因爲我的一個朋友，康人嘎瑪要去覺康給覺仁波切上金。在大昭寺南門等候嘎瑪時，遇到了一件從未有過的奇遇。首先是從未見過有那麼多一看就像「包工隊」（拉薩人對民工的稱呼）的漢人來朝佛。當然，如今確實有越來越多的漢人來朝佛（或者說參觀寺廟），但他們通常都是坐著飛機來西藏旅遊的遊客，個個打扮時尚，脖子上掛著這樣那樣的相機和攝影機，跟這些一看就像是賣菜的、修鞋的、騎三輪的、蓋房子的、開飯館的漢人毫無半分相像。奇怪的是，這些「包工隊」，人人手裏拿著一張大紅請柬，圍聚在寺院臨時搭就在路邊的售票處跟前，愁眉苦臉，七嘴八舌。我聽得一位喇嘛用清晰的漢語在說，那個人欺騙了你們，我們大昭寺從來沒發過請柬，也從來沒對外說過今天舉行這樣的活動。不過，你們也是因爲心誠才被騙了，算了，你們不用買門票了，快進去拜佛吧。

聞得此言，那些人如釋重負的樣子，諾諾稱謝，匆匆邁步入寺院。畢竟70元

一張的電子門票還是挺貴的。好笑的是，有一女人還半信半疑地求證：那佛像到底給不給嘛？惹得喇嘛喝道：沒有！我趕緊擠上前打聽怎麼回事，一位喇嘛告訴我，不知從哪里冒出一個自稱是漢地法師的人，這幾天在拉薩的漢人打工者中串來串去，公然如是宣稱：大昭寺將在今天舉行大型的開光慶典活動，參加者除獲得一尊由寺院贈送的佛像外，還可吃到一頓由寺院提供的素餐。這人還拿著許多大紅請柬向他們散發，當然，這請柬不是白送的，每張一百、兩百至三百元人民幣不等。喇嘛指著旁邊的一個手拿請柬的漢人說，看，就是這種請柬。我向這漢人要來看，果然見上面寫著：「謹訂於二00四年農曆六月十九日（星期三）上午八時三十分在大昭寺舉行開光大吉恭請施主光臨本寺」，還蓋了一個很不清晰的章印，辨認半天才可看見「中國佛教協會」的字樣，而請柬的正面，赫然印著一個大大的「佛」，而「中國佛教協會」再次榜上有名。

眼前的這個瘦小的「包工隊」，一看就是飽經風霜的勞動人民，但他還戴著一副貼著商標的變色眼鏡，穿著廣大民工最愛穿的那種簡陋的西裝，似是特意將自己收拾一新。我好奇地向他打聽來龍去脈，他說那個欺騙他們的人穿的是漢地和尚的袈裟，看上去很年輕，很斯文，說一口四川話。至於他自己，

他說他是南充人，如今已經67歲了，1962年就到了西藏，一直都在很偏遠的藏北和後藏一帶幹活，蓋房子，修路等等。他還說，我們是信佛的，過去在老家就信，現在老了更信。反正西藏也信佛嘛，所以就去藏廟拜佛。我們哪會想到一個法師會騙人啊，幸虧只被騙了一百塊錢。我糾正他，肯定不是法師。他忙說，對對，我曉得，這個世道，騙子是啥子人都會裝的。

正聊著，我和嘎瑪約定的時間到了，我想

要那張請束，他不同意，說要帶回去給其他人看，免得他們下次被騙。但他願意我拍照，不但讓我給請束的裏裏外外拍照，還手持請束，面露微笑，坦然地留下了被騙的證據。紮西德勒噢！他邊進寺院，邊對免去了他的門票的喇嘛感激地說著有四川口音的藏語。他會不會在算，扣除70元的門票，他其實被騙去了30元？

蘑菇燈

最早在網上看見一篇報導，是說2003年夏天，西藏自治區主席向巴平措在拉薩接受43名外國記者的集體採訪，期間英國《衛報》記者提到了「蘑菇燈」，問向巴主席：「拉薩街道上的蘑菇形路燈與周圍環境不太協調，您喜歡這些燈嗎？您擔心拉薩會變得毫無特色嗎？」

而我們的主席似乎有點兒答非所問，把話一下子扯得很遠，說「胡錦濤同志非常關心拉薩老城區的改造」，接著又說「自治區和拉薩市政府也很重視老城區的保護和改造，並已投入資金近三個億，進行危房改造等」，然後自我表揚道：「老城區基本保持了藏民族的建築特色，保持了地方的風格，保持了八角街原有的風貌，應該說成績是顯著的」。看來他並不打算理會什麼「蘑菇燈」，而且他也不按照藏人的習慣，非得把「帕廓街」說成是「八角街」。

於是美國《時代週刊》的記者再次發問：「您真的認為老城區的蘑菇燈跟周圍環境和諧嗎？」這一回，向巴主席聽清楚了，他正色道：「西藏歷史上沒有路燈，沒有可供借鑒的、西藏特色的路燈。你們可以去看一下八角街的路燈，在我們能想像到的範圍之內，還是盡量賦予它一定的民族特色。可能每個人的看法不一樣，有的人認為它富有民族特色，跟拉薩的街區、周邊的風格協調；也有人認為它不協調。我不敢說這是最佳方案，但我們盡力了。八角街的路燈是我親自負責的，專門找了一些內行的藏族人，請他們提意見。

由於歷史上沒有可借鑒的，可能不會令大家都滿意。」言下之意，似乎只要是「我親自負責」的，當然具有「民族特色」。

真有意思，我得去瞧瞧這「蘑菇燈」。幾天後，從內地回到拉薩的我果然看見了向巴主席「發明」的路燈。呵呵，全長不過一公里的帕廓街上竟然並肩接踵地出現了近百個路燈（真抱歉，我的工作太馬虎了，竟然忘了從頭到尾數一遍），可謂三步一崗，五步一哨。燈杆很高，似乎是金屬質地泛著黃銅般的光澤，光禿禿的，直到頂端突然一層層地，湧現了一堆巨碩的白色燈泡。從我當時所拍的照片上可以數得出，一共四層，十九個燈泡，看上去頭重腳輕，似乎不成比例。

如此密集的路燈，後來得知造價昂貴，竟然每個都在萬元以上。到底是用什麼特殊材料做成的呢？仔細看看，有的燈杆已經殘損，甚至底座還有塌掉一角的，露出了那並非金屬的質地而類似石膏的成份，那是不是十分低廉呢？有的燈杆已經傾斜，令人擔心會不會哪天突然倒下，砸在終日川流不息的轉經者的頭上？許多燈泡破裂了，不見了，是被調皮的孩子們用石頭打碎的，還是被西藏灼熱的烈日烤得炸開了？說實話，不看不知道，一看就明白，在飄拂著五色經幡的西藏民居所環繞的轉經路上矗立著的這些路燈，有多麼地喧賓奪主，既不賞心，也不悅目，還不經久耐用，顯然是又一個豆腐渣工程。

或許向巴主席認為這路燈像蓮花不像蘑菇，可問題就是，它怎麼那麼像亂糟糟的蘑菇，而不像盛開的美麗蓮花呢？外國記者形容得沒錯。

2005年2月，北京

現場與故事

2004之夏・拉薩片斷

時間：2004年7月-9月

地點：拉薩

「韓國饅頭」

三個月後回到拉薩，發現又增加了許多新生事物，其中之一就是「韓國饅頭」，如滿地開花，遍佈大街小巷。

「韓國饅頭」是什麼樣的？是從韓國引進的新食品嗎？爲何在北京尋不見其芳香的蹤影呢？難道它只是頗受廣大拉薩人民的青睞嗎？看來「哈韓」風也從內地刮到了「世界屋脊」，普及到了家家戶戶，把拉薩人民盡皆變成了「哈韓族」。這不，連環繞布達拉宮的轉經道孜廓的途中，也能遠遠地看見「韓國饅頭」的招牌掛得比絳紅色的宮牆還高。

好奇的我在雪新村路口的麵包店裡買了一斤，給了四元錢，拿起一個嘗了一口，——咦，這不就是小麵包嗎？只不過是把麵包在油裡浸泡了一下，並不算好吃。可想而知，它若不叫「韓國饅頭」肯定不會這麼火，而且不會這麼不便宜。那麼，是哪一個聰明的腦袋瓜爲拉薩人民不遠萬里帶來了「韓國饅頭」呢？呵呵，絕不會是韓國人，哪怕叫「韓國饅頭」，也還是「Made in CHINA」。

「西藏獨家」

藏族人民在宗教方面投入的極大熱忱，這世上沒有多少民族可比。但這倒不是說須得不吃不喝、一味磕頭苦修才算虔誠。相反，在拉薩的各條轉經道上看見的貨攤、小吃攤，比哪里都要多如牛毛，充分說明了早晚轉經的藏族百姓，正是那些堆積了廉價低劣的小百貨和薈萃了南北風味小吃的最大顧客。

這家擺在孜廓路的小吃攤上賣的有涼皮、涼粉和餅子、油條，地上零亂的筷子表明生意還算過得去，但吸引我的不是這些，而是那塊掛在女小販頭上的的藍色布簾，驀然撲入我的眼簾，嚇我一跳，因爲我看見的不是「西藏獨家」這四個字，而是其中異常醒目的兩個字：「藏獨」。這還了得！誰敢如此膽大妄爲？！我再定睛一看，才曉是虛驚一場。

鄉下藏人進城記之一

這照片拍得太亂，應該作廢，但我想說的是其中的故事。在通往朵森格北路的路口，一群拖兒帶女的鄉下藏人擠在一起東張西望，是什麼意思呢？這其實也正是我當時心中的疑問，所以駐足觀望，旋即略覺傷感。原來他們正在遲疑，不知道如何從大街的這頭走到大街的那頭。紅燈亮了，綠燈又亮了。紅燈亮了三次，綠燈也亮了三次。這群從鄉下來到拉薩的藏人，在他們的身後，有剛剛朝拜過的夢寐以求的寺院，而在他們的前面，是從未見過的高樓大廈和車水馬龍。寺院是他們所熟悉的，符合他們對拉薩的宗教想像。但除此之外，一概陌生，使得他們舉步維艱，心驚膽顫。在祖祖輩輩嚮往的聖地拉薩，他們變成了一群需要重新學習走路的外人。

鄉下藏人進城記之二

這又是一張需要文字說明的照片，不然會被以為是替這排華麗的路燈做廣告。當然，這樣的路燈是值得做廣告的，否則我們的政府官員在拉薩市的市

政建設上付出的政績又何以為證呢？至於那些喟歎連路燈都已失卻民族文化特色的批評可以休矣，如果全都推倒重來，怕是整個拉薩都要陷入黑暗之中，因為事實是，沒有一盞路燈不是類似的路燈。

那群背著大包小包的鄉下藏人，起先徘徊在這輝煌路燈照耀的宇妥路上，神情疲憊而焦急。我的詢問使我得知他們剛從日喀則來到拉薩朝佛。他們找得到寺院，卻找不到越來越深的黑夜裡能夠棲息的地方。而在過去，多的是朝聖者的帳篷營地，但在有著如此現代化的路燈的今天，他們不能睡在帳篷裡，更不能露宿，只能在房子裡將就一晚。他們問，有沒有幾塊錢的房間？五塊錢也可以。我也著急。我能夠想得出的最便宜的地方是汽車站的招待所或者候車室。於是，在明亮的路燈照耀下，他們漸漸遠去。而路燈的盡頭，是西藏自治區人民政府。

看漢人下象棋的藏人

我實在嘆服漢族人民極強的生存能力和適應能力。所謂的高山反應，所謂的酥油糌粑，所謂的諸如此類，事實上全都不在他們話下。只消幾天功夫，甚至腳才從長途汽車上（不久將是火車）落地，又能把他鄉當作自家來過，小日子過得有滋有味，所以別以為這是在漢地常見的街邊象棋比賽，這不過是整個拉薩改造得最像漢地的幾條商業街上的尋常一景。

有趣的倒是觀棋的人：一個典型的康地女人和兩個小嘴巴長得一模一樣的孩子，竟然看得津津有味。我不太相信這三個藏族婦孺看得懂連我都看不懂的棋道，但使他們如此著迷的是什麼呢？

「共產黨員櫃檯」

有時我覺得自己很像一個記者，而我常常掛在脖子上的數位相機就是我的記錄工具。但我在北京或者成都的時候很少這樣。不知為何，一到內地，我的五官就彷彿處於自動關閉的狀態，這純屬無意而非有意。只有在西藏，所有的感覺才會被立即啟動，須得戴650度的隱形眼鏡才能看清現實的眼睛也會分外敏銳。呵呵，於是我就在宇妥路上捕捉到了這個「共產黨員櫃檯」。何以需要如此標榜呢？是不是意味著童叟無欺、貨真價實呢？可這本是商家所應持守的職業原則，卻非得加上這樣一個含有政治意味的標籤，反倒讓我懷疑兩邊的大瓶子裡，那白色的究竟是不是真正的貝母，那紅色的究竟是不是真正的藏紅花；反倒讓我揣度那個「共產黨員」售貨員是不是騙子。故，立此存照。

沖賽康居委會合影照

居委會是頗具中共特色的基層組織，雖是最小的職能機構，但卻不可小覷，

它深入每個社區，監察民情，傳遞政治思想，以群眾監督的方式來管理每一個居民，其影響力和控制力之大，遠遠超出一般權力性機構。西藏的居委會成立於1959年徹底改變西藏命運的「拉薩事件」之後，是西藏從未有過的新生事物，有著無孔不入的權力，如同一張疏而不露的網絡，牢牢地掌控著普通藏人的命運，至今依然，在藏語裡，這個新生事物的簡稱是「烏雲冷康」。2003年3月，我在沖賽康居委會的辦公室，為現任居委會全體成員立此存照，中間戴禮帽和眼鏡的老者崗珠，是文革期間拉薩名噪一時的紅衛兵和「積極分子」，如今仍在當居委會的書記，滿口最新的政治術語；其他人都是居委會的新生力量。

非僧非俗的藏人

在大昭寺廣場熙熙攘攘的人叢中，與這個人的相遇可謂奇蹟。雖然在這裡碰見奇奇怪怪的各色人等已不稀罕，但看見他——上身穿戴軍帽軍衣、下裹僧

人袈裟、腳蹬運動鞋，這樣一個頗為自得的藏人，這副非僧非俗的樣子，恰似今日光怪陸離的西藏之縮影，甚至令尋常藏人也瞠目結舌，猶如看到了另一個不願意看見的自身。

北京東路的「囊瑪」

拉薩有很多規模不大的歌舞廳，每天晚上表演「改革」過的傳統西藏歌舞或新創作的「現代」西藏歌舞，統被稱為「囊瑪」。而「囊瑪」的本意是西藏傳統樂舞，在過去盛行于拉薩貴族階層，如今淪落風塵，倒也算得上是移風易俗。照片上的「凱迪俱樂部」位於拉薩的北京東路，也是囊瑪之一，白天四川人在門前賣大鍋豬蹄、煮玉米、麻辣燙，夜裡藏人們在樓上鶯歌燕舞，一醉方休。

口號

北京大學一孔姓教授把「中華人民共和國」改成「中華人民口號國」，

實乃毫不誇張。西藏作爲中國的一個「自治區」,固然不可能脫俗。爲此,特意將隨手拍得的幾個口號公諸於眾,也算是不虛此言吧。

第一個口號:「發展是解決西藏所有問題的基礎」——是嗎?發展真的就是鄧小平所說的「硬道理」嗎?發展真的可能讓西藏的所有問題迎刃而解嗎?那麼,發展什麼?什麼人從發展中受益多多?當然,發展指的是經濟,而西藏的所有問題並不只有經濟問題,難道只要吃飽穿暖,就會忘卻心中的菩薩?人又不是帕巴(豬)!

第二個口號:「利用宗教妨礙義務教育屬非法行爲」。——這條出自「貢嘎縣人大」之口的標語,就在拉薩通往貢嘎機場的路邊,十分顯眼。乍一看振振

有詞，仔細一想，這麼說是不是有點不對勁？似乎隱含的是這樣的潛臺詞：因爲宗教可能會妨礙義務教育，所以但凡利用宗教妨礙義務教育，就屬於非法行爲，當受處罰甚至嚴懲。可是，宗教如何妨礙義務教育呢？這意思是不是說，只要把孩子送到寺院當僧人就是錯？

第三個口號：「今天的輟學生，就是明天的貧困戶」——這條標語也在拉薩通往機場的路邊。雖然觸目驚心，可也經不起琢磨，因爲古往今來，有很多輟學生並未成爲貧困戶，而是變成了大富翁，比如無數人羨慕的比爾·蓋茨，小時候好像就是一個「輟學生」。呵呵，有趣的口號，透露中國當今教育的訊息，當廣而告之。

第四個口號：「共產黨好 社會主義好 民族團結好 改革開放好」——自打有了「社會主義好」之後，這什麼什麼好，似乎也就成了中國的一大特色，贊美自己、誇耀自己、放大自己絕不臉紅。眞的是什麼樹開什麼花，什麼藤接什麼果，現如今也被江蘇省派來的「援藏幹部」嫁接到咱們西藏的曲水縣了，爲此專門用彩色瓷磚拼貼這幅56個民族56朵花兒，擺放在大而無當的廣場上營造盛世圖景。

西藏「假牙」和新疆「假牙」

好友馬容說：「記得以前的帕廓街上，隨處可見裝假牙的廣告和設備。一排排的假牙，金色的、銀色的、白和不太白的，嵌在玻璃盒子裡，常常讓我不知所措：假牙的『假』，假牙的『牙』，這兩個字是多麼讓人心驚呵。」這話讓我忍不住倒騰起我的文件夾來，翻出兩年前在藏東康地鹽井街上拍的照片，果然還保存的有幾張「假牙」。2003年去新疆時，在薩車的大街上也拍了幾張「假牙」，呵呵，新疆的「假牙」比西藏的「假牙」更加逼眞，更加觸目驚心。

而由兩地假牙的對比，讓我想起「新疆時間」和「北京時間」之說。新疆與北京有兩小時的時差，於是新疆有「新疆時間」，這在泱泱中華大國，也就獨此一家。有趣的是，在新疆，似乎只有少數民族如維吾爾族等，很在乎這「新疆時間」，與人約會必強調「新疆時間」，而新疆的漢人卻置之不理，依然堅持「北京時間」。你過你的「新疆時間」，我過我的「北京時間」，盡管暗含隔膜，彼此倒是習以爲常，只是難免會讓去新疆旅行的外人糊裡又糊塗。

西藏使用的時間是「北京時間」，雖然西藏與北京也有兩個多小時的時差。爲何西藏就沒有「西藏時間」呢？在「北京時間」之前，西藏的時間以什麼爲準呢？對於當年的上流社會來說，西藏的時間是否等同於那些瑞士手錶上的時針與秒針？但又是從何時開始時興的呢？對於沒見過鐘錶的百姓來說，可想而知，西藏的時間自然是日月星辰的時間。然而，自打有了「北京時間」，每天都能從廣播中聽到「現在是北京時間……點鐘」。這「北京時間」如此斬釘截鐵，不容分說，給人的感覺是，惟有「北京時間」才是最準確的時間標準，其他時間一概不算。它就像真理一樣，非常有力量，但遺憾的是，力量過度了。

賣藝者

頭髮花白的老婦人是一位朝聖者，但不知她來自哪一塊藏地。整整一個夏天，每到傍晚，都能看見朝佛結束的她，在帕廓街頭用她的再尋常不過的歌舞討要一點錢幣。

我拍過很多在街頭用歌舞賣藝的藏人。這個漂亮的小女孩是其中一個，她穿著不錯，還有錄放機伴奏，看上去更像是個小演員，人們都很樂意給她錢，一元、兩元甚至十元。

早上。轉經路上。一個來自後藏的男孩彈著六弦琴，用他清脆的童聲唱著讚美家鄉的歌曲，希望人們給他幾毛錢。

羅布林卡曾經是達賴喇嘛度過夏季的宮殿,如今是向公眾開放的公園。一個正在舞蹈的賣藝者,他的一身民間藝人的裝扮吸引了一個小女孩,卻吸引不了多少錢。

泰州廣場

七月的一天,我和王力雄去了拉薩以西的曲水縣城。那裡有一個耐人尋味的「援藏項目」,名為「泰州廣場」。後來,王力雄在《西藏面對的兩種帝國主義》一文中如是描述:「廣場占地極其巨大,吞噬無數良田,除了財大氣粗的炫耀,很難解釋必要性在哪里;整個廣場完全是漢地風格,佈置著亭閣、石橋、流水,與周圍環境極不協調;廣場中央一組金屬架構頂著一個碩大的不鏽鋼球,作為主流意識形態之科學與進步的象徵;一圈牌廊噴塗著中共領袖的畫像和中共意識形態所製造的標語口號;廣場耗資必然十分可觀,卻跟當地人沒有關係,甚至根本不是為人所建。我在那廣場上走了一遭。地面白色水泥磚反射的陽光刺人眼痛,腳下如同一個烤鍋。草坪被鐵欄圍住,寫著禁

止入內的警告牌。人工河是在立陡深陷的水泥槽中，隔絕了人和水的接觸。
偌大廣場只有兩條石凳，遙遙對稱，只是一種形式需要而不是供人休息之
用，無遮無攔地暴露在大太陽下。我們去的那天是星期天，照理休閒的人該
最多，廣場上卻只見一人的蹤影，周邊寬闊的大街也如鬼街一樣空空蕩蕩。
這樣的廣場體現著帝國的居高臨下、文化傲慢和財富炫耀，當地民族和文化
完全不被放在眼中，既不發生聯繫，也不值得考慮和顧忌。或者僅僅是為了
引起當地的羨慕和自慚形穢，充當著文化帝國主義的楷模與方向標。它所象
徵的是一種赤裸裸的文化暴力與佔領。」

朝佛的德格少年和他的父親

時間：2004年9月15日下午6點半。
地點：拉薩大昭寺南面，曾經的講經場「松卻繞瓦」。

帶著兒子來拉薩朝佛的德格漢子，朝拜了大昭寺的覺仁波切之後，買了「洛嘎」（山南）老百姓編織的氆氌要帶回遙遠的康地家中。

這個雙眼被帽簷遮住的康地少年，遮不住的是臉上無名的憂傷，但很快憂傷就會煙消雲散，轉變為莫大的好奇，看著我的鏡頭，聽著我說夾雜拉薩口音的德格話，他一點點地綻露羞澀的微笑，最後舒心地仰天笑了起來。

我很喜歡這幾張照片，為的是這個康地少年的神情，為的是他來自我父親的故鄉。

從「巴巴拉」走過的人

時間：2004年9月30日
地點：拉薩

第二天是「國慶」。拉薩大街小巷儘是紅旗飄飄。因爲不掛紅旗就是「政治問題」，要罰款甚至處罰更嚴重。

「巴巴拉」本是一個旅遊工藝品商店，後來變成了兩個小店鋪，在緊挨著大昭寺廣場的丹傑林路上。我站在「巴巴拉」對面，從數位相機裏看見兩分鐘之內走過了形形色色的人。那位紅色的抓絨衣裏著僧裙的喇嘛讓我覺得很面熟，等他走過，才想起他是電影《高山上的世界盃》中扮演堪布的喇嘛。嗯，那是一部很有意思的電影，導演是一位活佛──薩迦教派的宗薩欽哲仁波切，他讓我們見到了流亡在喜馬拉雅山麓那邊的西藏僧侶。忘記是哪位朋友把電影刻在光碟上送給我了。我看了兩遍，又轉送給拉薩一個寺院的僧人們。我跟他們還分享過爲之感動的細節。我最難忘的是，那個思念家鄉的老喇嘛在思念家鄉的日子裏，總是不停地整理要帶回家鄉的箱子，箱子裏裝滿了可以給親人們介紹外邊世界的物件，如花花綠綠的明信片。扮演堪布的喇嘛高大又威嚴，聽說他其實也是一位活佛，電影就是在他的寺院裏拍攝的，難怪所有演員演得那麼自然、生動，因爲那本來就是他們的生活。宗薩欽哲仁波切還拍過《旅行者與魔法師》。還是在拉薩那個寺院，與我心有靈犀的僧人送給我這部有著不丹風景和傳說的電影，可惜我後來帶到康地達折多被朋友借走至今未還。望著扮演堪布的喇嘛漸漸走遠，我爲回到拉薩的他實現了電影裏老喇嘛的願望而高興，又爲自己的猶豫惋惜，應該上前告訴他，我們

有多麼喜歡藏人自己的電影……

第二年，「巴巴拉」沒有了，換上了兩個沒有印象的店名。

圖說在拉薩的穆斯林

時間：2003年－2007年
地點：拉薩

早在公元8世紀，圖博特（西藏）就與阿拉伯的穆斯林商人有商業往來。11世紀，伊斯蘭教興盛於喀什米爾地區，更多的穆斯林商人來西藏經商。17世紀中葉，五世達賴喇嘛允許在拉薩建立清真寺，來自喜馬拉雅山南麓的喀什米爾、拉達克、尼泊爾和印度等地的穆斯林商人於是定居下來。其中尤以喀什米爾的穆斯林商人為多，拉薩藏語中對穆斯林的通稱「卡契」一詞就源於對喀什米爾人的稱呼。

那麼，今天在拉薩的穆斯林有著怎樣的基本情形呢？對此我一直有著濃厚的興趣。依據發表在2000年第1期的《西北民族研究》上的一篇文章〈拉薩穆斯林群體調查〉（作者陳波），發表在2006年1月8日的《中國穆斯林》上的一篇文章〈拉薩穆斯林的藏文伊斯蘭教材〉（作者陳波、周傳斌），以及我在拉薩的實地觀察、採訪和拍攝，在此以圖配文的方式做浮光掠影地展示。

一、分類：

20世紀80年代以前──

1.「藏回」：

是指20世紀80年代以前來自國外，主要是尼泊爾王國和喀什米爾地區、拉達克、印度北部的穆斯林，拉薩人稱其為「博卡契」，意思是「藏穆斯林」；又因多居住在帕廓一帶，被稱為「帕廓卡契」。與藏人通婚生下的混血兒被稱為「卡擦熱」。

← 在帕廓街開店的一位尼泊爾籍商人，他的店算得上是帕廓街的老字號了，依然高掛著前幾年暴死於槍彈下的尼泊爾前國王和前王后的照片。

→ 今江蘇路一帶的「革命」甜茶館在拉薩很有名氣，老闆夫婦就是「藏回」，如今「革命」已經搬遷到自治區工會院內，完全不是過去那種味道了。

其實有名氣的不是它的甜茶和藏麵，而是它的名字「革命」。它本來的名字叫做「清真飯館」，因為老闆是信奉伊斯蘭教且幾代居住拉薩並與藏人通婚的「藏回」。而「革命」是老闆前幾年病故的弟弟的名字，老闆說，她弟弟原名叫伊蘇巴，文革時改名為「革命」，那時他才七、八歲。「革命」於1980年代開張，生意很好。

2.「漢回」：

是指20世紀80年代以前來自內地，包括四川、陝西、雲南等地的穆斯林，拉薩人稱其爲「加卡契」，意思是「漢穆斯林」；又因多居住於拉薩古城東南面的河壩林一帶，被稱爲「河壩林卡契」。也有與藏人通婚者，生下的混血兒也被稱爲「卡擦熱」。另外，「帕廓卡契」與「河壩林卡契」也相互聯姻。

3.總結：

在西藏作家次多寫的《拉薩回民》一文中，有這樣一句話：「描寫拉薩文化的發展史，豈能沒有拉薩回民的發展歷史。二者是整體和部分的有機關係而客觀存在。」他的這篇文章寫於1990年代初期，他所說的「拉薩回民」指的應該是1980年代之前的穆斯林，而不是在這之後湧入拉薩的「新回民」。

「拉薩回民」與藏人相似，除宗教信仰之外，日常生活方式基本上與藏人相同，語言相同。可以說他們是信仰伊斯蘭教的藏人，事實上，他們的阿訇也是這麼認爲的。這些穆斯林被學者評價爲「是已經藏化了的具有鮮明個性的穆斯林群體，他們的生活習俗十分接近藏族，他們最流利、最易表達自己思想的語言也是藏語。」據說，如今拉薩語保持最爲純正的，恰是生活在拉薩以及文革前移居拉達克的這些老「卡契」。

20世紀80年代以後 ——

1.「新回回」或者「四寧」：

是指20世紀80年代之後來自青海、甘肅、寧夏等地的穆斯林，拉薩人稱其爲「回回」或者「四寧」，後者應該是青海省的省府——西寧的諧音，以經商爲主，流動性很大。

圖中這位老人馬玉貴，如今已是高齡，祖籍四川，其父過去就是「噶廈」（西藏政府的藏語名稱，現移至達蘭薩拉）的漢語翻譯，他在1934年曾被噶廈送往內地學習，還在南京黃埔軍校學習過，畢業後繼任父職，也是噶廈的漢語翻譯。1959年之後，被中共懷疑是「國民黨特務」入獄二十年才獲釋，後為西藏自治區政協常委。他的藏名是羅布次仁，妻子是「藏回」，全家人過著藏化的生活。

在拉薩街上開修理店的回族人。

在羅布林卡門前擺攤買涼皮、麵食的回族人。

2002年，兩個回族人，來自青海省民和縣的馬哈桑與來自甘肅省積石山縣的冶成晶在拉薩河邊的沙地上種上樹和花，建起了「大自然茶園」。這塊沙地在十多年前叫做「古瑪林卡」，有樹木有沙灘有拉薩河靜靜流過，小橋的兩頭掛滿了重重經幡；後來，官商攜手把「古瑪林卡」改建成了「中和國際城」，是拉薩最大的、最公開的紅燈區，夾雜著各地風味的飯館、藏獒銷售中心、四顆星的大酒店以及拉薩市政府的臨時辦公室。馬哈桑和冶成晶的茶園夾在其中勉力維持著。他倆曾從青海買來兩頭駱駝，放在茶園門口，讓人騎著駱駝照相收錢。可是茶園前面的草灘上建起了高樓，駱駝沒草吃，只好賣給羅布林卡裏的動物園了。

藏曆新年前賣乾果的維族人。

維族人烤的羊肉串吸引了遊客。

2. 維吾爾穆斯林：

人不多。來自新疆。主要賣乾果，葡萄乾、杏乾、桃乾之類，五顏六色的，風塵僕僕的，顧客多爲當地藏人。也開飯館，「新疆大盤雞」、「拉條子」之類。也在街頭烤羊肉串。

3. 總結：

「新回回」的生活方式與語言完全不同于藏人，與漢人相似。雖然信仰的都是伊斯蘭教，但跟「博卡契」和「加卡契」很不一樣。除了宗教信仰和飲食上的禁忌，「新回回」的生活方式、語言乃至心理素質、歸屬感等與漢人相同，可以說是信仰伊斯蘭教的漢人。曾聽一位「新回回」說，奧運會期間他天天看電視，就希望中國隊拿金牌。

二、場所：

拉薩現在共有6座伊斯蘭教禮拜殿和兩處墓地，分屬三個系統：

1. 小寺系統：指爲印巴（主要是喀什米爾一帶）、尼泊爾諸國的穆斯林禮拜而修建的3座禮拜殿和一處墓地。在教派上屬於遜尼。

早在17世紀中葉受封地于五世達賴喇嘛時，于拉薩西郊「卡契林卡」內修建了禮拜堂，現有兩座禮拜殿和一處墓地，1959年未受時局衝擊；位於大昭寺東南繞賽居委會內有一座小清眞寺，專爲「帕廓卡契」修建，規模不大，曾爲藏式建築。

1960年，因時局變化，120多戶有尼泊爾和喀什米爾血統的穆斯林，被認定異國國籍之後離開拉薩；來自漢地的穆斯林因爲與其聯姻而有親緣關係的，也提出了出國的要求，被拒絕後發生抗議事件，1962年被定爲「回民鬧事」

案，文革時定爲「回族叛國集團」案，1980年代才平反，涉及56人，有被逮捕被槍斃的，占1960年時小寺回族的9%。文革期間，小清眞寺由於對外籍穆斯開放而倖免被砸，但宗教教育陷入停滯。

2. 大寺系統：大寺系統的穆斯林是清代入藏的內地回族士兵和商人的後裔，爲其禮拜而修建了兩座禮拜殿和一處墓地，即市內河壩林清眞大寺，北郊多底村北的「格格霞」墓園及墓園內的禮拜殿。在教派上也屬遜尼。

清眞大寺位於帕廓街以東三百米入口處，頂端飾有彎月的尖頂塔樓，始建於1716年，擴建於1793年。1959年之前，寺內尚有許多匾額、歷史記載文獻和一棵葉茂幹粗的大柏樹，但在3月的「拉薩事件」中被群情激憤的藏人燒毀。

文革伊始，據說在大昭寺被砸那天，紅衛兵和革命群眾也衝進清眞寺欲砸之，但環顧四周，發現空空蕩蕩的清眞寺沒什麼可砸的，只好在牆上寫了些口號就走了。剛走不久，不少拿著棍棒的「藏回」就來了，欲與砸他們寺院的人拼命。看來，「藏回」比起藏人更爲維護自己的信仰。不過，清眞寺後來還是被砸過，據說是居委會裏的積極分子，有藏人，也有「藏回」，但砸得不厲害，因爲裏面沒什麼東西，不像藏人的寺院堆滿金銀珠寶、珍貴文物。清眞寺的禮拜殿被用作群眾開會、唱歌、跳舞的場所，大寺和寺內全部財產的所有權都歸河壩林居民委員會所有，大寺財產損失很大。阿訇被當作「牛鬼蛇神」被批鬥抄家。

2001年重新翻修、擴建，資金主要來源於沙烏地阿拉伯，從最初的200多平方米擴大到2001年之後的1160多平方米，禮拜大殿從一層變爲兩層，高度接近大昭寺。如今規模又有擴大。

這三個「新回回」，是在帕廓街東頭的清眞寺門前遇到的。

大寺和小寺都在頂端掛上五星紅旗，顯示了跟漢人相同的認同感。

3. 回族流動人口，主要是甘肅、青海回族商人，也就是「新回回」，他們自建了一座簡陋的臨時禮拜殿，位於臨夏回族自治州駐拉薩辦事處內，並從甘肅廣河縣聘請了一位阿訇。在教派上屬於格底目。格底目是中國伊斯蘭教中最古老的一派，普遍稱為老教。

三、現狀：

作為集宗教行為和商業行為於一體的帕廓，哪怕在十年前，還保持著西藏自己的文化與習俗，但如今帕廓街上已有70％甚至更多的店面被回族人租賃，針對源源不絕的旅遊者專門銷售所謂的西藏工藝品。我採訪過一位藏人店

2004年9月的一個星期五中午，是穆斯林的「主瑪」日，也即禮拜日，我在清眞寺門口看見滿地黑皮鞋，頗爲可觀，當時據說有三千之眾。2007年2月我再去此地，已是白茫茫一片人頭攢動，更爲壯觀。

在清眞寺門前遇到的回族孩子，在拉薩出生並且長大。

主，他說這些回族人每月給的房租最高五千，最低也是三千，於是原本在帕廓開店的藏人紛紛轉讓，享受每個月雖然不算多卻不必辛苦經營的穩定收入。但他披露：「『四寧』的店裏假貨很多，質量低劣，但他們全說是眞的，而且說是西藏的眞東西，結果被騙的遊客一旦發覺，便認定西藏的東西全是假的。」

我還採訪過一位回族店主，他給我的名片上寫著：「『陽光城』民族特色旅遊飾品總匯經營各種西藏古天珠、藏傳紅玉髓天珠、天眼石、綠松石、紅珊瑚、象牙製品、珠寶玉品、天然礦石工業品及雕刻產品、國內外名牌香水⋯⋯」。他以爲我是導遊，許諾如果帶遊客來買天珠，分我五成；若買其他，分我三成。我問這些天珠是哪里來的，他說是在內地生產的，不過對遊客就說是西藏人自己生產的。從有關文章中得知，這些以假充眞的所謂西藏工藝品，其實許多是在甘肅省臨夏回族自治州的回族作坊裏成批成量地生產出來的，也有不少來自浙江義烏的小商品批發市場。

在一家名爲格桑梅朵的店裏，幾個年輕回族竭力向我推銷號稱「藏銀」其實是白銅做的首飾，當我問他們是哪里人，竟然一口咬定是藏人，讓我想起那位眞正的藏人店主充滿憂慮的話：「過去遊客轉帕廓，會看到藏人的文化，比如節慶期間，藏人會關門去做佛事；可是現在藏曆年會開門，春節和穆斯林的節日反倒有可能不開門，而遊客不知道，會以爲這是藏人的習俗。也許十年後，帕廓將不會再是藏人的帕廓了。」

帕廓街百分之七十多的店面已被
回族人租賃。

沖賽康的日用百貨批發市場和拉薩城裏的肉食店大多數是回族人在經營。

修建中的拉薩火車站

2005年11月14日下午六點，我和W騎著自行車，去看修建中的拉薩火車站。

騎到柳梧鄉，這是屬於堆龍德慶縣的一個鄉，因爲要建火車站以及火車站周圍的新社區，該鄉要搬遷。

兩面殘牆猶如山門打開，白房子就是火車站，塵煙四起並不是舞臺效果，而是拉薩河谷的沙暴正在刮來。

柳梧鄉內空空蕩蕩，所有的房頂都拆走了，只剩下斷壁殘垣和房前屋後的大樹。

戴口罩的男子不是柳梧鄉的村民，是從附近農村來火車站打工的。

半年後，聽說柳梧鄉的村民沒有按時得到搬遷費，集體到自治區政府上訪了。

殘牆上的花紋，就像一株株枝葉舒展的樹，很美啊。但再美又有何用？樹要砍去，牆要推倒，與之消失的還有深藏在這花紋中的一種別樣的生活方式。

↑ 穿過腳手架橫七豎八的候車廳，看見一群男女工人正在使勁地把彎彎繞的鐵絲拉直。

這些工人都是打小工的藏人農民，當我向他們打聽每日工錢時，來了兩個穿夾克的精壯男子，充滿警惕性地盤問我們來自何處、有何貴幹之類，並且毫不客氣地勒令我們馬上離開，不許拍照。奇怪，這工地上有什麼機密嗎？我反問。W不想惹麻煩，說我們是遊客。兩人態度和緩，說：歡迎你們將來坐火車到拉薩，那時拍個夠。

← 呵呵，讓我在拉薩火車站前留個影。

有意思的是，這張照片貼在部落格上，遭到了一位同族網友的批評。他認爲我「在那個新落成的車站以一副遊客的面目留影深感痛心」，認爲我「應該注意自己的立場，注意『在特定場合的特定姿態』」。哦？是這樣嗎？那麼我應該擺一個什麼樣的姿態呢？（王力雄／攝影）

大包工頭下面的小包工頭，
背著手監督小工們的勞動。

打小工的女孩來自附近鄉村。

↑ 這是一個來自四川青神縣的農民，也讓我給他拍照並且寄到他家裡。「你們是記者嗎？能不能幫我們給上頭反映一下，我們已經三個月沒有拿到工資了。」我們不是記者，幾分鐘後甚至被驅逐，所以這位四川民工的工資拖欠問題，我們自然是沒辦法替他反映了。據他說，為了拿到被拖欠的工資，已經有民工跟包工頭打過架了。難怪工地上戴袖章的保安不少。

← 這個工人主動走來要我拍照，說是要寄給青海老家，讓家裡人看他為青藏鐵路做過貢獻。後來，我按照他給我的地址把照片寄了去了，也算是他的人生中的一個紀念吧。

→ 幽深的，不對，悠長的鐵軌，伸過來，伸過來，伸過來了⋯⋯
雖然遭逐，總算是親眼目睹了傳說中的拉薩火車站，於是騎車回城。但不想走來時的路，依恃自己是拉薩人，順手一指：「我們可以沿著山路，從拉薩大橋騎回去。」
不想這一繞就繞了個大大的圈。一邊是靜靜流淌的幾曲（拉薩河），一邊是蒼黃的山脈，不時過往的巨型大卡車卷起黃土，迎面撲來，把我們變成了出土文物。騎著騎著天黑了，月亮升起來了，多虧是藏曆十五，月光之明亮，照耀著竟然騎了長達三個多小時的馬路，唉，我亦算為青藏鐵路做出了貢獻。

2006年6月25日，北京

逛新城：看看林芝的新面貌

一直想去朝觀聖湖拉姆拉措，從拉薩出發有兩條線，一條沿澤當到加查，一條沿林芝到加查。

2005年11月19日，坐著朋友的車到了林芝。九年前來過，再見林芝恍如來到十分熟悉的四川某縣。

但滿街寫著福建和廣東的地名，提醒人，這是福建和廣東的援藏對口之地，千萬不可張冠李戴。

停車轉街，看見站在單位門口聊天的武警軍官和女幹部，看見街上的行人中沒幾個藏人模樣的人。

只有他們，六七個人，站在步行街的街口，頭上紮著的紅穗遠遠地把我們的視線抓到跟前，一看就屬於傳說中驍勇剽悍的康巴，那紅穗穗正是增添英武氣概的所謂「英雄結」。

穿紅羽絨的小夥子比紮紅穗的中年男子愛說愛笑愛擺造型讓我拍。

我邊拍邊問這群特徵分明的康地漢子來自何處在這做什麼。

他們介紹說自己是昌都人，前不久去拉薩朝佛，有名沒名的寺院全都朝拜了，現在要回家，但大卡車壞了，得修幾天，所以就在林芝等著。

我還注意到他們的手中拿著電動剃鬚刀，不時在光溜溜的下巴上摩挲來摩挲去。

我有意以街上林立的商店爲背景，碩大的方塊字聳立在他們的頭頂，他們對面淺綠色的「海棠雨化妝品」廣告猶如一種諷刺。

可是鏡頭中笑呵呵的紅羽絨小夥臉色突變，我的肩膀被人猛拍一下，耳邊響起呵斥：「不准拍！」

回頭一看，一個精壯男子瞪視著我，一副國家機器即將發動的氣勢洶洶。

我氣極，也不解。在這光天化日之下，在這人來人往的鬧市，我拍照，他們亦願意讓我拍照，這犯了哪家王法？

但我的質問根本無用。精壯男子從衣兜裏掏出證件一晃說他是「國安」（國家安全警察的簡稱），用手指點著康巴們質問我：你知道他們是什麼人嗎？

——什麼人？朝佛者。

——什麼朝佛者！他們是移民！知道嗎？這些移民很麻煩，根本不聽政府的話，到處惹禍。

──什麼移民？他們怎麼會是移民呢？他們不是西藏人嗎？

雖然我在反問，其實我一聽就明白了，這個國安說的「移民」指的是前幾年從昌都地區的三岩一帶遷移到林芝定居的康巴。

早就風聞那些搬遷者並不情願搬遷而且在搬遷之後與原住民不甚融洽，卻不知道究竟發生了什麼大事，竟然到了如臨大敵的地步。怎麼回事？怎麼回事？

──你們從哪里來的？你們爲什麼要拍照？你們有什麼目的？

──拉薩的。怎麼了？說實話，我還眞的不怕這個國安。

──來旅遊的。來旅遊的。朋友趕快打圓場。

──不許拍照，知道嗎？旅遊的更要小心一點，我就知道你們這些人動不動就把照片貼到網上去，你再嘴硬我就跟我走！

精壯男子指著身後的摩托威脅道。他還說了一堆話，可是我已記不得了。就像朋友駱駝在回憶他的西藏之行時寫的：「但我的貯存已經鎖閉。」

但我記得，爲了不給朋友惹麻煩，我們不得不悻悻離開時，我回頭再看那幾個康巴，他們的臉上絲毫笑容也不見，他們走也不是站也不是的姿勢那麼彆扭，令我從此不忘。

2006年6月29日，北京

【背景介紹】

1. 關於三岩人的搬遷（摘自中國作家馬麗華《藏東紅山脈》）：

「天保」工程已在西藏沿金沙江畔的江達、貢覺、芒康三縣實施，三岩正在這一範圍中。移民搬遷，尤其大規模的移民搬遷是一項重大舉措，需要決策者下很大的決心。1999年，自治區政府副主席兼昌都地委書記楊松來三岩視察工作，聽過彙報又實地踏勘過後，斷言三岩是典型的「一方水土養活不了一方人」的地方──搬！

……半數三岩人即7000人可離開，去向則是西藏氣候條件最好的林芝地區。交通方便，教育發達，有電燈照明，有電視可看，有已經開發的農田待種，尤其是，每戶搬遷費高達七萬元！下那麼大的決心，既為三岩人的生存發展，也為長江中下游的生態環境。

……即使不走的另一半人，也會利用搬遷者留下的生存空間，更好地活下去，這道理誰都明白。我在三岩所到之處，所見之人都充滿喜氣，言必稱「搬遷」，口頭禪是「千載難逢」。

2. 我的疑問：

既然「搬遷」是三岩人「千載難逢」的大好機遇，

既然「搬遷」會給三岩人帶來幸福，

為何搬遷之後的三岩人如今成了領導們的心病？

成了警察眼中的危險分子？

據說這是林芝人人諱言的話題，為什麼呢？

3. 曾經在我被關閉的第一個部落格上的留言：

西藏八一鎮的少數民族 2006-6-30 13:08:00

我是一名中國的少數民族——藏族，但在西藏林芝地區的八一鎮，我依然是一名少數民族，少得可憐的少數民族，沒有地位，沒有錢，沒有關係，啥都沒有的少數民族——藏族。我們林芝的八一鎮氣候好，山好，水好，現在又馬上要建機場，於是，四川和其他省份的人如潮水般湧進了八一，至於部隊和武警，那不用我多說，八一的工程、生意，什麼都是漢族同志的，如果和漢族老闆發生矛盾，會立即有幾輛計程車趕到，手拿西瓜刀的四川仔立即把你砍成兩半；如果你和當官的漢人發生矛盾，立即有警察來抓你；如果你和部隊武警的人發生矛盾，你更慘，幾輛軍車會停在你家門口，不管男女或者小孩，再講道理。

我們的政府如果看到我說的話會說我是「反革命」，但我想說，其實在內地的人民政府真的挺不錯，特別是大城市裡的，所以，我還是信任你們的，只是在西藏的漢人真的不是你們所說的為邊疆做貢獻的那樣的人，你們實在不信，那我也沒辦法。

網友們看到我的留言，可能會說太誇張了吧，是的，你如果來八一鎮旅遊幾天，只會看到好山好水和漂亮的小姐，如果你像我一樣在這裡住一段時間的話，你就會知道本來面目的。

最後再說一句，八一鎮的藏族越來越沒有藏族的特徵了。

拉加里，只是朱顏改嗎？

時間：2005年12月5日
地點：今西藏自治區山南地區曲松縣

山南的曲松縣，在1965年以前叫做拉加里縣，在1960年以前叫做拉加里宗。這是因為大概在900年前，圖博（亦寫為「吐蕃」）末代贊普的後人的後人，為恢復盛極一時的祖先榮光，在此建立過名為「雅礱覺沃」的王朝，建造了名為「加里」的寺院，但輝煌已去，這些墜入人間煙火中的「神」的骨血，即使自稱為「拉」（神），也只能將迴光返照的影子投射在「拉加里顏章」（拉加里王宮）之上。

圖中的龐大廢屋，其實只是這王宮的一部分，據說是拉加里王族的主體宮殿——「甘丹拉孜」，修築的歷史不過百年，曾經巍然矗立于寬闊河谷一側的高臺地勢之上。那麼，何時何故淪為如此殘破？雖然我不想再重複，但我還是不得不重複，那是「民主改革」時期，那是文化大革命時期，那是1950年以後至今——革命帶來了天災人禍，人禍天災伴隨著革命，於是所謂的「拉加里王宮」終於化作了一片廢墟。

多日下午的陽光使得廢棄的空屋明亮處更亮，陰影處很暗，令我屏息凝神，甚至輕手躡足。只是我的相機無法拍下大廳的全貌，我也忘記數一數有多少根色彩斑駁的柱子。拍了這張照片後，我走到狹長的窗戶跟前往下望去，正好看見的是發展中的曲松縣城，聳立著鋼筋水泥和瓷磚打造的幢幢新樓。起先，一個四川小飯館油膩膩的三盤菜，剛剛讓我們填飽了肚子；一個獨自吃飯的「援藏幹部」神情悵惘地說：這個地方沒什麼意思。

我在我父親的遺物中找到一張1963年11月3日的《西藏日報》,其中恰巧有篇文章〈血淚仇——大農奴主「山南王」罪惡紀實〉,而所謂的「山南王」正是拉加里王。文中這麼寫到:「一百多年以前,『山南王』著手修建一座新的王府。這王府高達五層,嚴森森,陰沈沈。房間多達一百餘間。『山南王』集中了千多名差民和他統治地區的所有木工、石工和畫匠,前後花了幾十年時間。……王府修建得富麗堂皇,連大院的地面都是用有色石頭鋪成這樣那樣的花紋。可是,那些雕樑畫柱、巧鋪花石的能工巧匠連作夢也未想到,在完工以後,他們的雙手竟被砍掉!」——對最後那句話,我已經不會相信了,再也不會相信了,我早已不是當年那個被這種妖魔化的宣傳洗了腦的「少先隊員」。

據說西藏的老房子中,橫著數有五個窗戶的房子只有布達拉宮和拉加里王宮。

雕樑畫棟應猶在，只是朱顏改？

說是王宮，不如說貴族之莊園，但如今已是鄰近村莊的孩子們的遊戲場。圖中這個帥氣的男孩，已是初三學生，他和他的弟弟從小就在這些荒廢的樓閣間穿梭玩耍。我問他，夜裡做夢有沒有夢見過這裡？他靦腆地說，從來沒夢見過，只夢見過學校和同學。

據說拉加里是西藏繪畫的故鄉，五世達賴喇嘛修建布達拉宮時，從這裡挑選出許多優秀的畫師繪製布達拉宮的壁畫。想必當年的拉加里王宮也應該繪滿了極其美麗的壁畫，但如今只在兩三面牆上才能看見往昔的盛景。有意思的是，已經破損不堪的壁畫上竟還題寫著一行中文：「保護民族文化遺產人人有責！」既然要保護文化遺產，就不應該再塗再寫。

拉加里王世代沿襲「赤欽」（法王）的稱號。因為是圖博贊普的後裔，尊崇的歷史得到西藏歷代政權的尊敬，研究拉加里家史的德國學者卡爾斯頓說：「在晚期的拉加里後裔中，據說其頭領的地位僅次於班禪喇嘛。」但因捲入了一些政治紛爭中，「赤欽被漸漸的從其官職上挪開，直到1955年左右，沒有哪一位赤欽被獲准擁有官銜。」1957年以後，赤欽向噶廈申請，獲得三品官「紮薩」的銜位，只是好景不長，兩年不到，淪為新政權的階下囚。據說，當年赤欽參拜拉薩時，他習慣穿一身斜擺的衣服，只用一根豬尾巴紮在他的頭髮上，而不用任何裝飾物。在正規場合，赤欽穿一身禮服，並戴飾物，包括很大的耳環和一條很大的白頭巾。

網上的一篇近期的採訪報導說：「75歲的平措次仁是村中惟一記得這段歷史的長者，當年他是著名的木匠，從18歲起就在王宮幹活。他說：『當時王宮裡住著上百人呢。我18歲的時候見過拉加里王，他叫赤欽仁布切，當時21歲，個子不高，比較胖，平時的穿著不是很複雜，但是比老百姓講究多了。每年藏曆一月十五、十六、十七，王宮會召集附近寺廟的喇嘛跳舞，他就穿著藏戲裡國王的那種衣服。』」

從另一扇窗戶望去，正是過去龐大的拉加里王宮的其他部分，包括寺廟等等。西藏實行「民主改革」之後，改成村莊；近年來村民們大多遷往下面的低地，被政府規劃到「社會主義新農村」裡，又留下了一片廢墟。

在好幾個房間裡看見牆上糊著報紙，仔細一看都是1960年代、1970年代的報紙，那時代正是毛澤東領導下的各種政治運動紛至沓來的時代，那麼，住進昔日王宮的人是當年的工作組嗎？是當年的「軍宣隊」（解放軍毛澤東思想宣傳隊）嗎？是當年的革命幹部和「翻身農奴」嗎？圖中的這些報紙中，題爲《高原戰士報》的報紙正是文革期間西藏軍區的軍報。後來從有關資料上得知，1980年代，拉加里王宮被駐紮在當地的解放軍部隊徵用爲營房。

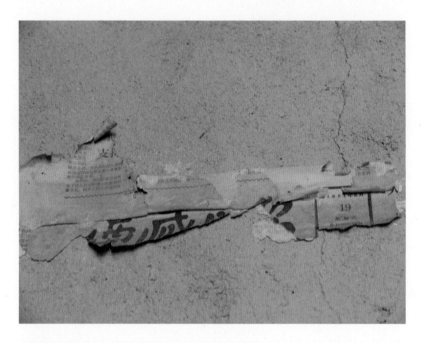

這張破爛的《西藏日報》更早，竟然是1961年的古董，那時候正值「民主改革」，在黨的號召下，西藏人民
要「打土豪，分田地」，那麼，「神」的後裔們呢？他們在哪里呢？

1963年的那張《西藏日報》說：在1959年「平息西藏叛亂」戰鬥中，「『山南王』府就是叛匪的重要窩巢之
一。……僅四個小時，我人民解放軍蕩平了『山南王』這個匪窩。『山南王』最後一代朗傑加措在拉薩被
俘。緊接平叛勝利之後，又進行了偉大的民主改革。從此，永遠結束了『山南王』王朝千餘年的罪惡統
治。」

到了如今這個追逐時尚的商業時代，一本名為《西藏人文地理》的時尚雜誌向西藏發燒友們介紹了這個王
族的最後命運：「拉加里最後一位赤欽朗傑加措，80年代去了國外；他的二弟念紮當了不丹國王的女婿；
一個妹妹嫁給日喀則的貴族；三弟格珠早年夭折；四弟羅布現在拉薩就業。朗傑加措最小的弟弟現在也住
在拉薩，他就是直貢提寺的直貢法王瓊倉活佛。」

兩兄弟的家就在王宮的對面，那幢刷著紅白兩色的房子。

這就是兩兄弟的父母。都是農民。父親洛桑多布傑除了種地還要出去打工，修路、蓋房子什麼的，一天可掙30元。母親正在編織羊毛被。他們的祖先，想必當年正是王公貴族的屬民。因果輪回，依然是土地的耕種人。

洛桑多布傑曾經向外來的記者介紹王宮：「我記得1985年那會兒王宮還算完好，門窗比較完整，但裡面的壁畫被破壞了不少。部隊走後又成了裝飼料的倉庫，沒人管理，村子裡的人有時候蓋房子就把門窗給卸了，再加上下雨、火災，然後就成了今天這個樣子……」

本來父親是這座廢棄王宮的看護人，現在似乎成了孩子的事，他鎖上這底層的門，領著我們去看另一座樓閣上畫著幾個眼睛裡鑽出小蛇的頭顱。

已經頹敗的廢墟，只有孩子如數家珍，但願在他成年以後，在白日的感念和午夜的夢回中，體會其中深意。

從兩個孩子的身後，我真想看見往日的景象，真想知道輪回中有著怎樣的故事……其實已經歷歷在目。

據說，目前山南文物局正在申請重建拉加里王宮，拉加里王宮已經被列為國家重點保護單位。這麼做顯然是為了旅遊創收。這片喪於革命之手的沒落王宮，在商業社會有著急待開發的商業價值，而這會是最後的、狠狠的一擊嗎？已然殘垣斷壁，一旦重又壘築，反倒猶如贗品。

2005年12月5日，拉薩

燃燈節：她比煙花寂寞

每年的藏曆10月25日，是西藏人稱之為「甘丹安曲」的「燃燈節」，藏傳佛教格魯派宗師宗喀巴於586年前的這天圓寂，為此在全藏民間和寺院形成了以供奉酥油燈為主的紀念儀式。多年前，我寫過拉薩的「燃燈節」：「當夜，整個帕廓街上家家酥油燈，人人頌三寶，用來供祀的香草已經添滿香爐，沖天的火光宛如更大的燈盞。許多孩子手提自製的紙糊燈籠，嘻笑著跑來跑去，在他們的心中，是宗喀巴大師送給了他們一個無比明亮的快樂之夜。」

是的，多少年來，拉薩的「燃燈節」會在祖拉康的法號聲中，顯得與越來越世俗化的平日不太一樣。但今晚，2005年12月27日，在帕廓，在祖拉康，我深切感到我過去寫的「燃燈節」竟然是那麼地粉飾。

何以這麼說呢？

這是因為黨派來的那位姓張的新書記說了，「燃燈節」這天，所有的公務員、共產黨員、職工不准參加「燃燈節」，一旦發現，立即開除。同時特別強調退休人員也不准參加，否則扣發退休金。拉薩市區的各居委會也召集居民開會，不准居民去帕廓街，只能待在家裏。周邊的林周縣、達孜縣、堆龍德慶縣、墨竹工卡縣等也照樣貫徹，並且在進入拉薩的路口設卡，禁止農民進城出售香草。

於是「燃燈節」這天的下午，帕廓街的商店和貨攤被勒令早早關門收攤；六點鐘的大昭寺廣場，路邊已經停滿了警車和消防車，警察和便衣遍佈廣場；大昭寺門口站著警察，不放一個人進入；而帕廓附近的樓房上都部署了警察進行監控。

雖然仍有很多藏人川流不息地圍繞帕廓轉經，但一眼即可看出大都不是拉薩本地人，而是來自安多、康以及西藏農村和牧區的百姓。人們說，拉薩人都呆在屋裏，點酥油燈，喝疙瘩湯，不敢上帕廓轉經。確實如此，直到天黑之後，才有少量的拉薩人走出家門，但都戴著遮住面孔的大口罩，大多數拉薩人看來只能在家裏點酥油燈，喝疙瘩湯，遠望大昭寺的酥油燈火尋求一點安慰。天黑了，開始煨桑（點燃香草）了。沖天的火光照亮了安多人的臉、康人的臉、後藏人的臉、藏北牧人的臉，以及一些戴著口罩的臉。我問其中一

個戴口罩的男人家鄉何處，他盯著我看了半響才說「拉薩」。看來拉薩人，只敢戴著口罩度過「燃燈節」了。

有網友貼文說「燃燈節只能待在家裏」。但我可以在我的部落格上貼幾張照片，雖然這幾張照片只是今晚的幾個瞬間而已，與我當時的位置有關，很局部。不知何故，2005年的這個「甘丹安曲」，令我聯想到的，竟是一部電影的中文譯名——《她比煙花寂寞》。

2005年12月27日，拉薩

【補充：2006年《拉薩晚報》上的禁令】

2006年的「燃燈節」是12月15日。《拉薩晚報》在12月12日的第一版上，以拉薩市委、市政府的名義，告喻全體市民或者說全體藏人市民如下：

通　知

傳統的宗教節日燃燈節即將來臨。駐拉薩市各黨政機關、企事業單位、人民團體要加強對廣大幹部職工的教育、引導、管理。全體共產黨員、國家

公務員、離退休幹部職工、企事業單位、人民團體幹部職工、廣大青少年學生不准參與和圍觀燃燈節活動，自覺遵守市委、市政府的要求。

特此通知。

中共拉薩市委辦公廳

拉薩市人民政府辦公廳

2006年12月12日

為此，有藏人在網上提出疑問說：「通知的確很清楚，想必拉薩市民是會遵照政府的指示行事，但我還是有一些不明白之處：1. 既然是傳統的藏族節日，為何要加強幹部職工的教育、引導和管理？2. 教育什麼？往哪里引導？如何管理？3. 不准參與也罷，但圍觀行不行呢？難道不能純粹從文化／傳統的角度去觀賞嗎？4. 在佛教聖地，為何紀念佛教大師宗喀巴圓寂成佛的日子都須那麼警惕？」

2006年12月15日，北京

呵呵，阿尼和孩子，都會V

時間：2006年2月，2006年11月
地點：拉薩大昭寺廣場，墨竹工卡縣甲瑪鄉

V這個表示勝利的手勢，如今已然是全球化的手勢之一。照片上的阿尼和孩子，是否知道V的意思呢？不知道也不奇怪，反正是流行的手勢，旅遊者帶進來的，電視上模仿來的，所以也就會在藏地流行了。只是學得不夠像，兩根手指常常會變成三根手指；食指和中指也常常會變成別的拇指，呵呵。

在祖拉康遇見兩位安多老人

時間：2006年2月10日
地點：拉薩大昭寺

有時候，下午去祖拉康很清靜。因為佛殿的門不開，朝佛的人都在外面磕長頭、轉帕廓，或者圍坐在廣場上聊天、發呆。佛殿裏，古修們正在念經，據說是在修習大威德金剛的教法。我進去聽了會兒，右繞了一圈。我出來時見到這兩個老人，正在晾曬不知怎麼被打濕的哈達。

去跟老喇嘛聊天。他說他的老家是拉卜讓，哦，就是今天的甘肅省甘南藏族自治州的夏河縣，那裏有一座大寺院，美麗的拉卜楞寺，其實就是老人口中的拉卜讓。我在1994年的夏天去過，天，已經十二年了。

老太太是老喇嘛的姊妹，兩人坐著大卡車來拉薩朝佛的，終於圓滿了一生的心願啊，在老得還能走路的時候。老喇嘛說，過了洛薩回去，過了洛薩回去。我說，是啊，拉薩的洛薩很熱鬧。我的拉薩話，他的安多話，在說這些時是相通的，我們彼此心領神會。所以他在我的鏡頭中，笑眯眯的，露出了缺牙的牙。我知道，那鋪在地上的黃色信封裏，裝著覺仁波切的法衣，他們要帶回家鄉的，要供在佛堂的。

2006 · 大昭寺 · 洛薩前夕

時間：2006年2月27日-28日（藏曆17繞炯火狗年1月1日）
地點：拉薩大昭寺
說明：「洛薩」是藏語，藏曆新年的意思。

全藏最神聖的佛像——祖拉康的覺仁波切。

↑ 歷經兩千多年的滄桑，其精神之美，與日月同輝。

← 傳統上，「嘉瓦仁波切」（西藏人對達賴喇嘛的許多種尊稱之一，其意爲「法王」）的法座，在洛薩，哈達奉獻，鮮花供養。

↑ 這是2月27日下午6
點45分，祖拉康的門
前已有許多朝佛的信
徒排起了長隊。

← 為了與夕照下的金
頂和「甚穹」（達賴喇
嘛的下榻之處） 合
影，我特意留下自己
的身影。

↑ 祖拉康的一百多個僧人，在洛薩前夕的法會上誦經修法。

↓ 法會結束，僧人們朝覲覺仁波切，許下美好願望。

← 當晚八點，廟門打開，無數信眾擁向覺康，警察趕緊維持秩序。

↑ 神情激動的藏人心滿意足地走出覺康，接著朝拜下一個佛殿。

← 男女、老少或僧俗，面向覺仁波切在祈禱。

光線很暗，我沒有帶三角架，反而拍出了另一種我自己偏愛的效果。

三個月前，我寫了一首詩〈回到拉薩〉，其中寫到：

如同時光倒流 心滿意足的鄉下藏人們圍聚著
挨個側身 伏在緊貼牆面的空心石柱之上
傳說寺院下面有個湖泊 幸運的人聽得見隱約的水拍
於是他們驚歎著 左耳聽了右耳聽
就像是深深的虔誠也從左耳傳到了右耳

在〈回到拉薩〉中，還有一句：「人頭攢動　人影搖晃　人聲囂響　金色的光芒中……」是的，我看見了這個有著一雙美麗眼睛的那曲女孩子，如驚鴻一瞥。

在高高的「嘉瓦強巴」（未來彌勒佛）的膝上，一隻肥貓豎起了耳朵，睜大了眼睛，但別以爲牠是在注意老鼠的動靜，其實牠才不吃老鼠，牠吃的是火腿腸，而且會與肥胖的老鼠分而食之，因爲這是一個和諧社會，據說是。

喇嘛們用酥油和糌粑做的供品美倫美奐。

祖拉康的千年之柱,每一個局部是工匠的精心之作。

這已是28日凌晨2點,這樣的朝佛長隊像一條小河緩緩地流淌著,直到晚上8點。

我是凌晨2點半離開寺院的，在祖拉康的門前拍下這個鏡頭。

補充：這個洛薩前夕，我的所見所聞是——1. 與往年大爲不同，穿珍稀動物皮毛藏裝的人寥寥無幾，而往年此刻，可謂人獸合一，蔚爲可觀。這恰是因爲今年在印度舉辦的時輪金剛灌頂法會上，達賴喇嘛呼籲藏人不要穿著用珍稀動物皮毛鑲飾的藏裝；2. 朝佛者多爲拉薩之外的各地藏人，而拉薩人，基本上是普通百姓，據說各企事業單位已經傳達，凡國家公職人員一概不許參加佛事；3. 不時看見三五成群的漢人也來朝佛，他們不是遊客，而是在拉薩的打工者。

洛薩初三‧在朋巴日見到的1984

時間：2006年3月2日上午07:30分-11:30分
地點：拉薩東面的「朋巴日」（寶瓶山），乃是有八瓣蓮花之稱的環山之一。

習俗：在拉薩居住的康地藏人──康巴，將位於東方的朋巴日視爲藏東康地的象徵，十分形象的說法是，朋巴日是康巴的故鄉神靈的化身，因此每逢藏曆新年初三，有去朋巴日掛經幡、撒「隆達」（印有經文的五色紙頁）、煨「桑」（祭祀用的香草）的儀式，以祈求新年裏一切的一切吉祥如意。

說明：至少有八九個洛薩初三，我也會去朋巴日，看熱鬧和祈福運的心情兼而有之。在我的記憶中，喜好裝飾的康巴們，不論男女往往會在這天打扮得格外地淋漓盡致。有一次，我拍下了一個高大的康巴把整個豹子頭披掛在寬闊的後背上，還拍過幾個康巴被沉甸甸的老虎皮圍裹著，氣喘吁吁，根本爬不動這並不高的小山。至於鑲在藏袍上的水獺皮，那簡直就是小兒科，不值一提。

那麼，今年的洛薩初三呢？幾天前，就有人悄悄地傳說，這一天，將會有很多康巴在朋巴日焚燒藏裝上鑲飾的動物皮毛。聽上去這似乎是一個天大的秘密。但是初二，幾乎已是人人皆知了，甚至連開計程車的四川司機也曉得。

於是，初三一大早，我帶著相機，直奔朋巴日……

我是七點半出發的。快到拉薩大橋時，看見一群群康巴快步走著，而兩邊，一群群附近郊縣的藏人在兜售桑、隆達和經幡，一群群警察圍聚在一輛輛警車跟前，注視著走向朋巴日的每一個人。

上山的路並不難走，已經有嶄新的、漫長的經幡在風中飛舞。出現在鏡頭中的康巴，穿著樸素，一如平日。

警察之衆，毋庸我多言。而
山下的車輛，白的、黑的、
紅的和綠的，裏面影影綽綽
的儘是穿制服的人，真的是
大動干戈啊。

哦，這燃燒的火，不是在燒
皮子，而是在煨桑，警察同
志們千萬別發火。

旭日東昇，遠處的布達拉宮
沐浴在陽光下，與其比鄰的
那些高高的水泥大廈中，有
一座正是山上山下的人民警
察的總部──拉薩市公安局，
著名的超高違章建築。

其實山上夠冷的，風很大，我舉相機的手快凍僵了，孩子的臉蛋兒也凍得通紅。

辛苦了。真的，你們從半夜兩三點就守在這裡，實在是很辛苦啊。我曾經很浪漫地寫過：「藏人相信漫天飛揚的經幡可以將不盡的祈禱，送往遍滿十方虛空的諸佛菩薩的耳中。……一陣風吹來了，直吹得經幡呼啦啦地響，聲音之大，恐怕再遠的神和佛也都能聽到。」

是的，一陣陣風吹來了，蹲在山石上的他們也聽到經幡被吹得呼啦啦地響。

這是我唯一見到的盛裝以飾的康地漢子。說真的，他身上的這件鑲飾著錦緞的羊皮襖非常美麗（除了他頭上的狐狸皮帽），也許明年就會成爲藏裝服飾的潮流吧。

僧人們的誦唱和法樂，會在一瞬間令人暫時忘卻很多很多現實，但只是一瞬間而已。你只要回頭或者轉身，就會不由自主地緊張。

→ 看你們誰敢燒？！──有警察
嚴陣以待，無人敢燒皮毛。

↓ 這麼多的康巴，這麼多的不穿
動物皮毛的康巴，這在這些年的
這天從未有過。
「既然如此，既然我沒有燒的權
利，但是我有不穿的權利。我
有，可我就是不穿！」──我仿
佛聽見了康巴們在這個特殊的時
候傳達的心聲。

早年，我曾經很浪漫地寫過：我們取出一疊疊印在紙上的「隆達」，在「索索，拉加羅」（神必勝，魔必敗）的呼聲中，把這些也有五種顏色的「隆達」使勁地拋向空中。張張「隆達」被金色的晨曦照映得透明若見，在半空中飄飄悠悠地飛旋著，飄飄悠悠地，飛旋得很高、很高……

是的，曾經把這一切都浪漫化了。是的，很容易會把這一切都浪漫化了。所以還是要感謝你們，人民的警察，把奧威爾筆下可怕的《1984》❶帶到今天，帶到西藏，破除了種種偽飾的、不堪一擊的浪漫。

❶ 英國作家喬治‧奧威爾寫於1948年的《1984》，是一部反烏托邦政治諷喻小說，描寫了一個極權主義的恐怖世界。

【背景介紹】

2006年初，在印度舉辦的時輪金剛灌頂法會上，達賴喇嘛對境內藏人盛行穿著用珍稀動物的皮毛鑲飾的藏裝，並且佩戴大量飾物的惡劣風氣進行了批評，認為這是一種庸俗、缺乏文化的表現，不但耗費錢財，也與國際社會提倡保護環境與野生動物的主張相違背，有損信仰佛教的西藏人的形象。達賴喇嘛的批評在境內各藏地引起強烈震動，安多、康和衛藏等地的藏人紛紛點火焚燒昂貴的豹皮虎衣狐狸帽等。

當局對此大為惱怒，把藏地民眾自發的焚燒行為歸結為「分裂集團」的操作，於是一方面強行禁止焚燒，拘捕焚燒活動的發起者；一方面召開大會小會，要求藏人重新穿上豹皮虎衣，聲稱這是黨的政策給藏人帶來幸福生活的證明。按說中國政府也在提倡保護環境與野生動物，理應稱讚藏地民眾在環保意識上的覺悟，顯示順應藏地民心也順應國際潮流的理性和風度，但遺憾的是，反倒氣量如此狹小，採取的竟是十分荒唐的做法。於是穿還是不穿豹皮虎衣，竟變成了一個敏感的政治問題，在各種節慶上，通過穿不穿皮毛來看各藏地的負責人是否具有反對達賴喇嘛的「政治覺悟」。

焚燒豹皮虎衣的行為的確不僅僅是出於環保，更主要的是表達了藏地民眾對精神領袖達賴喇嘛的堅定信仰，我在不同的地方多次聽到藏人們吐露真言：「如果連嘉瓦仁波切的話都不聽，那還聽誰的？」有藏人更是一語道破：焚燒動物皮毛的行為其實是一種震懾，「這個真正的震懾作用是給全世界人民看的，那就是：尊貴的達賴喇嘛始終是、永遠是藏人心中的光明燈。」而當局為之惱怒的也恰在於此，半個多世紀以來對全藏各地的強硬統治並未收服民心，一位手無寸鐵、遠在千萬里之外的老人，幾句話就能激起這麼大的反響，難怪有國際媒體報導：焚燒皮毛「凸顯藏人對達賴喇嘛的信服，只要達賴喇嘛一聲令下，藏人無不遵從。」

事實上，這次時輪金剛灌頂法會在境內激起的連鎖反應亦是如此。在法會

上，達賴喇嘛特別強調，境內藏人不必千辛萬苦地趕赴印度參加法會，法會期間只要專心祈禱、遵守戒律，即使不在現場同樣可以獲得殊勝灌頂。因此在西藏以及青海、甘肅、四川、雲南等藏區，無數不能當場聆聽達賴喇嘛傳法的藏人，或以口耳相傳的古老方式，或以傳送複印件、打電話、發手機短信和Email的現代方式，彼此傳達法會消息、有關經文、各種戒律等等。整個雪域藏地沉浸在秘密的然而又是激動人心的氣氛之中，藏人們由衷祈求與遙遠的法會以及主持法會的達賴喇嘛心心相印。整整十一天，在拉薩，不計其數的藏人自覺食素、朝佛轉經，發放佈施、從善如流。安多農村全村人在灌頂三天內集中誦經，不說話，不吃肉，連七歲的小孩子也參加。康地北部的老人們囑咐後輩要遵守戒律，並且發願今生和來世都祈禱達賴喇嘛健康長壽。一位康地藏人在短信中說：「在我誦了時輪心咒之後，在我的意念中，幻想每座山頭上似是嘉瓦仁波切端坐加持，他面帶慈祥的微笑看著我！」

一位安多老人的最後一張合影

時間：2007年1月
地點：安多熱貢藏地（青海省黃南藏族自治州）

這張照片，是在電子信箱裡看見的。拍照片的人，是一位安多學子。他在信中問我是否記得一些有關西藏的紀錄片中，回顧那年達賴喇嘛的哥哥在流亡他國二十年後回到藏地，受到成千上萬藏人的狂熱歡迎；其中一個場景是在

熱貢，有兩位安多婦人拉著達賴喇嘛哥哥的手哭暈在地，達賴喇嘛的哥哥趕緊攙扶，難受地撫摸著她們受苦的臉……

我知道，那是1979年，文革結束了，北京第一次與流亡印度的達賴喇嘛正式建立聯繫，同意他委派參觀團視察全藏。原以為廣大的「翻身農奴」會唾棄過去的「剝削階級」，可是事實卻讓北京當眾丟臉，失聲痛哭的藏人們高呼「神聖的達賴喇嘛好嗎？」悲憤訴說他們遭受的種種苦難，如此民心背離的場面也震撼了世界。

時光又過了二十八年，影片中的兩位安多婦人，一個在前年去世了，另一個就是照片上的這位老人，講述那段場景時依然雙手合十，一直捧著達賴喇嘛幼年時的照片。年輕的安多學子描述道：「雖然她已經蒼老得不能流出眼淚了，但我還是能看出老人內心深處的痛楚……」幾天後，老人去世了，享年93歲。聽說是望著達賴喇嘛的法相安詳地離開人世的。而這張照片，成了她畢生最後一張合影，她雙手捧著的，正是達賴喇嘛幼年時的照片。

桑煙飄向山那邊

時間：2007年3月14日

地點：拉薩

3月14日早上，我接到朋友簡訊，問我這天是什麼好日子，他一早就被全城彌漫的桑煙給熏醒了；而且拉薩的各條轉經路上有很多藏人在轉經，可要打聽的話，每個人都支支吾吾的。朋友是個年輕的漢人，因為皈依藏傳佛教來到拉薩學佛，住在老城區的一座大雜院裏。

這天確實是好日子，但也很特殊。因為遠在印度的流亡藏人中心社區——達蘭薩拉，正在舉行祈願達賴喇嘛永住長壽的法會。也因此，早在幾天前，拉薩的所有政府部門、企事業單位以及居委會召開緊急會議，嚴禁幹部、職工、公務員、居民、退休人員在這期間從事任何佛事，據聞拉薩市政府機關還在會上說「想要工資的話就不准去寺院、不准去轉經、不准去煨桑」，儼然把藏人工作人員當成了伸手要錢的乞丐；拉薩市城關區政府乾脆取消了下屬各單位和十幾所學校法定的每週雙休日。

雖然這些年來，每逢宗教節日，類似的禁令都會在西藏層層傳達，但是近來卻越來越嚴厲。如三個多月前的「燃燈節」，拉薩市委、市政府在《拉薩晚報》上公開通告市民禁止參與。而為了祈願達賴喇嘛永住長壽，境內外藏地必然會出現萬民同心的場面，更是境內西藏當局極其不願意看到的事實，於是如臨大敵般地下達禁令，加強各種警戒力量，不但在藏人聚居區增派秘密警察、巡邏人員、消防車輛甚至軍警，為防止藏人赴著名的朋巴日神山煨桑、掛經幡，還在拉薩大橋兩端部署了大批警察。

那麼，在拉薩的藏人們是不是為此就被威懾住了？這天上午，我帶著相機轉拉薩，親眼目睹藏人們身穿節日盛裝朝佛、轉經、煨桑的盛況，親耳所聞藏人們念誦祈願達賴喇嘛長壽的經文。面向布達拉宮磕頭的藏人數不勝數，我也好不容易擠了進去，在光滑之極的石板上磕了九個長頭。大昭寺裏手捧哈達和酥油的藏人排著長隊，許多人在給釋迦牟尼、觀世音和蓮花生等佛像上金，我也隨喜一份，以表供奉之心。有意思的是，佈滿各條轉經路上的數十座煨桑爐有些竟然被人封了。究竟是被誰封的？所有轉經的藏人都明白，但都平靜地在被突擊密封的煨桑爐旁邊點燃桑枝，讓濃烈的桑煙彌漫拉薩。

孜廓路上環繞布達拉宮轉經、煨桑的藏人。

向著布達拉宮——達賴喇嘛的象徵磕頭祈禱的藏人。

→ 燃燒的桑煙寄託著藏人
深深的祈願。

↓ 警察便衣在監視轉經、
煨桑的藏人。

在布達拉宮廣場留個影

時間：2007年4月11日

地點：布達拉宮廣場

今日拉薩突降鵝毛雪花，本以爲全城銀妝素裹，但畢竟已是春季融融，而且車水馬龍，除了讓周圍的群山白茫茫，落在地面的雪很快化作了水。我從東走到了西，爲的是拍點什麼，果然不虛此行，在布達拉宮廣場看見了種種「到此一遊」之景。來自五湖四海的遊客們興致勃勃地穿上舞臺藏裝，在「包

工隊」攝影師的言傳身教下，比劃著他們以為的藏族姿勢。我也假裝遊客，向一女攝影師問價，她熱情洋溢地介紹，一套照片50元，包括五個姿勢：手叉腰、「巴黎嘿」、倒酥油茶、吉祥如意和擁抱布達拉宮。她一邊比劃一邊說：「這五個動作，是藏族人民最典型的姿勢。」哈哈，說真的，我這個藏族人民再也沒有聽過比這更幽默的笑話、再也沒有見過比這更搞笑的情景了。這五個西藏姿勢可真讓我大開眼界。

那尊被砸得疼痛四散的佛像

時間：2007年4月16日
地點：拉薩

離開拉薩二十天了，常常想起那尊臉被砸扁的佛像。

是在沖賽康居委會門前的一個小攤上，遠遠地，我就看見了它。

我本是去沖賽康市場買些蕨麻，可是看見它，就被突如其來的憂傷擊中了。

我不由自主地走向被砸成那樣的它，感覺它有生命，正疼痛地依靠著貨架，臉被砸扁，胳膊被砍斷，而且攔腰被斬。

它就那麼疼痛地靠在貨架上。

它的周圍是醬油、豆瓣、色拉油和一卷卷衛生紙，全都來自早已進入我們生活的中國內地。它的脖子上掛著曾經精美的鑲有彩色石頭的項飾，它的懷裏還有一個獅面人身的怪獸，一起放在一座殘缺的佛塔上。而從前，都被供奉在哪些神聖的寺院或虔誠的家庭？

它就那麼疼痛地靠在貨架上，神情雖然靜如止水，我卻痛入骨髓。

我憂傷地看著它，彷彿看見了一個故事的發生，以及，故事後面的歷史和現實。我啊，我真的能夠感受它和我隱隱的緣分，像融化的雪，從高高的山頂漫過我的身心。

擺攤的小販雙手抱著膝蓋，向我兜售：「買吧，老佛像哦，很好看不是？」「什麼時候被砸成這樣的？」我問。「文革嘛，當然是文革啦。」他仰頭又說。「多少錢？」我真的很想買下，很想帶回家中，可是這個來自江西的小販一口咬定「3000」，使我只好遺憾地、難捨難分地、從此惦記地離開了這尊被砸得疼痛四散的佛像。

我僅僅拍攝了幾張照片；僅僅，在想念的時候，時不時地打開電腦看看。

朋友說，也許是嶄新的佛像，為了賣個高價，故意被砸成這樣，然後編造了一個文革情節也說不定。是啊，說不定真是這樣，可是疼痛猶在，我只有寫下這些文字來釋懷。

也是一種記錄

・・・・・
・
・・

雪域的白

白色的花蕊中，她看見金剛亥母❶在舞蹈！
那不是白色的花蕊，而是高山之巔。

白色的火焰中，她看見班丹拉姆❷在奔跑！
那不是白色的火焰，而是群山之間。

儘管連綿起伏的山巒，環繞著菩薩的壇城❸；
儘管星羅棋佈的湖泊，呈現著朱古❹的轉世；

可是白色的花蕊頃刻凋落，可是白色的火焰當即熄滅。
她飲泣著，要把怎樣的消息，告訴遠去他鄉的堅熱斯❺？

消息啊，人間的消息，傳遞著一個個親切的名字，
在空行與護法驟然隱遁之時，化為烏有。

2005年11月13日，從結塘飛往拉薩的空中

❶ 金剛亥母：藏語，被譯為「多吉帕姆」，佛教中眾空行之首。
❷ 班丹拉姆：藏語，被譯為「吉祥天女」，是西藏的護法女神。
❸ 壇城：象徵佛界淨土。
❹ 朱古：藏語，化身轉世活佛。
❺ 堅熱斯：藏語，觀世音菩薩，在西藏是達賴喇嘛的象徵。

Mountain Woman（次仁念紮 / 繪）

班禪喇嘛

如果時間可以抹煞謊言，
十年是否足夠？
一個兒童長成聰穎少年，
卻像一隻鸚鵡，喃喃學舌，
那是乞求主子歡心的說辭！

另一個兒童，他在哪里？
他手腕上與生俱來的傷痕，
是他的前世，在更早的十年
在北京某個暗無天日的牢房，
被一付手銬，緊緊地捆縛。
而今，渺無音訊的兒童，
是否已經遍體鱗傷？！

Spot the difference（Tenzin Dhonyoe）

如果黑暗有九重，
他和他，身陷的是第幾重？
如果光明有九重，
他和他，神往的是第幾重？
也許就在黑暗與光明的每一重
他在身陷著，他在神往著……

貢覺松❶！如此顛倒的人世間，
怎樣的無常之苦，
竟在班禪喇嘛的身上輪迴示現！

2005年10月12日，北京

---

❶ 貢覺松：藏語，佛法僧三寶。

請你記住

「我忘不了八角街。」
「哦不」，她說：「是帕廓。」
「帕廓？好吧，那就帕廓吧。」
在轉帕廓時，看見天邊晚霞；
在轉帕廓時，聽到低聲哀求。
這些，請你，一併記住。

「我忘不了你。」
「哦不」，她說：「是因緣。」
「因緣？好吧，那就因緣吧。」
回溯前生時，聽到泣不成聲；
想像後世時，看見蓮花盛開。
這些，請你，一併記住。

2006年2月14日，拉薩

Lovers（次仁念紮／繪）

回到拉薩

一年了 所以回家的心情有點激動
從機場到拉薩的路程縮短了一半 全靠
兩座大橋和一個隧道 而過去的曲水大橋
有全副武裝的士兵在保衛
車輛減速 不許拍照 似乎藏著軍事機密
而今新建的橋上沒有軍人 難道不再需要提高警惕？
呵呵 公路兩邊出現了一模一樣的新房子
藏式的 沒有貼瓷磚 全都飄揚著五星紅旗
耳邊響起一個內地遊客的話 藏族人民多麼愛國
是啊 不愛國的話是要罰款的 你的明白？
哈 那設在路邊的商店還在賣假椰子樹 假仙人球
假斑馬 說明在拉薩很有市場 這不 又增添了
新的品種 一朵粉色的假蓮花 正在陽光下盛開
看見著名的青藏鐵路了 鋪在凌駕頭頂的水泥橋上
據說右邊不遠處 就是拉薩火車站 過幾天得去瞧一瞧
先去轉一圈布達拉宮吧 果然廣場擴大 越發地像
內地任何一個廣場的翻版 還多了幾重狀如酒壺的
彩門 太龐大了 太華麗了 太突兀了

Baloon（次仁念桀／繪）

省略不提與親人重逢的親切細節

直至下午四點 想出門逛逛 看看拉薩新氣象

剛走到雪新村路口 突然覺得周遭氣氛詭異

不是久違的烈日過於眩目 而是他們 三五成群

小平頭 黑色西裝或深色卡克 個個精瘦 年輕

卻神情緊張 又帶凶相 低聲嘀咕著四川話

我粗粗一算 竟有四十多人 難道是黑社會要火拼？

早就風聞拉薩有「遂寧幫」❶和「甘孜幫」❷之類

老大 保鏢 馬仔 馬子 就像港臺的槍戰武打片

呵呵 拉薩給了我一個當頭棒喝

使我一時愣住 隱隱後悔忘了帶上相機

突然 一輛計程車與一輛三輪車撞了

呼啦啦圍攏一群人 我趕緊擠進去 聽見

司機與三輪車夫破口大罵 都說四川話

有人勸架 說的還是四川話 又有人低聲呵斥

普通話 很威嚴 臉膛發紫 像是便衣警察

不然那兩人為何鳥獸散？ 而在紅豔超市跟前

一輛警車剎住 又來了一輛 咦 那些打手呢？

傍晚六點 騎車向東 提心吊膽啊

滿大街都是橫衝亂闖的各種交通工具

有些噴吐著黑色的廢氣 有些喇叭尖叫

穿過北京東路 抵達大昭寺廣場 這是藏人的世界嗎？

許多人手轉大小不一的轉經筒 慢條斯理地

轉著帕廓 那是右繞的方向 符合佛教徒的常態儀軌

一位老婦坐在自製的輪椅上　雙手搖把　口中誦經
一位妙齡女子　三步一個長頭　給她一元錢卻露出羞澀
一位頭繫黑色線穗的小夥子　用一小截獸皮攔路兜售
是啊　把水獺的豹子的毛皮　縫在
冬天的藏袍上　已成為拉薩人的時尚
挨肩接踵的商店琳琅滿目　號稱西藏特色的
各種紀念品　其實很多來自甘肅臨夏的家庭作坊
吸引著面色蒼白的內地遊客　把白銅當作藏銀
把石頭當作天珠　珊瑚和綠松石
我知道三分之二的老闆已是西北腔的回族
不信你去數數　一些四川人正在低頭編織吉祥結
手藝不錯　堪比僧侶　據說連僧侶也來定購

但晚霞美麗　輝映著絳紅色的祖拉康
如同時光倒流　那個胖阿佳❸還坐在門口　笑眯眯地
買給我一包尼泊爾出產的酥油　價格沒變
如同時光倒流　認識的喇嘛們向我點頭　微笑
就像是我每天都在此時進廟朝佛
如同時光倒流　數不清的藏人排著長隊
藏巴❹　康巴和安多　捧著哈達　握著紙幣
舉著酥油燈或者盛滿酥油的水瓶

❶ 「遂寧幫」：指的是來自四川省遂寧地區的「黑社會」。在西藏，來自遂寧的漢人數以萬計。
❷ 「甘孜幫」：指的是來自康地甘孜一帶的「黑社會」，都是康巴藏人。
❸ 阿佳：藏語，對年長婦女的稱呼。
❹ 藏巴：藏語，對日喀則一帶的藏人的稱呼。

Who reaches furthest（次仁念紮 / 繪）

如同時光倒流 我又沒排隊 厚顏著

像個遊客 徑直走向覺康

人頭攢動 人影搖晃 人聲訇響 金色的光芒中

我又見到了覺仁波切 伏地膜拜時不禁淚水滑落

如同時光倒流 心滿意足的鄉下藏人們圍聚著

挨個側身 伏在緊貼牆面的空心石柱之上

傳說寺院下面有個湖泊 幸運的人聽得見隱約的水拍

於是他們驚歎著 左耳聽了右耳聽

就像是深深的虔誠也從左耳傳到了右耳

呵呵 我也效仿 只覺得空穴來風

2005年11月10日，拉薩

淩晨的速記

很深、很深的夜裏
再過一會兒就是黎明了
可是我的瞌睡蟲還未降臨
我倒不是失眠
而是習慣了故意不睡
我在想著下一篇文章如何寫
那是一個絕對精彩的故事
關於康人嘎瑪
我不僅跟他長聊過
還許諾一定要把他寫入書中
但是他並不是很好寫的那種人
他的故事太多了
他的變化太大了
似乎十年就能讓他判若兩人
把一個買賣九眼石的「沖巴」 ❶
變成一個反感全球化的環保人士
不過我不想就嘎瑪說個沒完
那會使《百年孤獨》亦變得索然無味
而我要說的是
當我伏在枕上寫下故事的開頭

Girl digital（次仁念紮／繪）

突然聽見外面響徹撕心裂肺的哭泣
足以把雪新村進入夢鄉的人民全都驚醒
那是一個年輕女人的哭泣
夾雜著語不成句的四川方言
似乎還有旁人在勸解
正發生在我家房屋右側的小路上
我知道這附近有許多外地人租房住著
可是這麼深的夜裏
這麼氣溫驟降的夜裏
這個為了生活遠離家鄉的四川女人啊
什麼樣的遭遇讓她肝腸寸斷？
「上蒼保佑吃飽了飯的人民」❷
菩薩保佑在此時慟哭的人兒
我繼續豎著已不可能關閉的耳朵
暫時忘卻了康人嘎瑪

2006年1月24日，拉薩

❶ 沖巴：藏語，商人。
❷ 中國搖滾歌手張楚的歌。

記下昨夜之夢

蜷曲著，儘量地蜷曲著，在水底
在水底的巨石間儘量地蜷曲著
像那烏龜，把頭縮進殼裏
脊背堅硬無比，四肢藏而不露
像那胎兒，把自己抱成一團
也只能，把自己抱成一團
可是，水卻清澈，水在奔流
站在岸邊，蜷曲水底的人兒盡收眼底
這是昨夜夢境，不解其中深意。

2006年5月25日，北京

River（次仁念紮／繪）

獻給家園的歌

往昔

這正在融化的雪山不是我的雪山
我的雪山是往昔的雪山
它遠在天邊，多麼聖潔
八瓣蓮花一朵朵開放
啊，八瓣蓮花一朵朵開放

這正在枯萎的蓮花不是我的蓮花
我的蓮花是往昔的蓮花
它環繞雪山，多麼美麗
五色經幡一串串飛揚
啊，五色經幡一串串飛揚

往昔，往昔，怎樣的往昔
眾神守護著我們的家園
像喇嘛守護著心靈
像獒犬守護著帳房
但今天，眾神已遠去
眾神已遠去……

【背景】

2002年9月，在如今被改名爲「香格里拉」的雲南藏區旅行時，看見夕陽中無比美麗的卡瓦格博雪山，心裏突然湧出「這正在融化的雪山不是我的雪山」的句子，因爲「我的雪山是往昔的雪山」……

誓 言

那個晚上
月光迷朦
穿過家鄉的月光
他去遠方流浪
月光下的神明啊
請你作證
我要在今生和他重逢

只爲我的心中
有他留下的念珠
啊，一百零八顆念珠
是一百零八個等待的心願

那個晚上
河水冰涼
走過家鄉的河水
他去遠方流浪
河水裏的神靈啊
請你作證
我要在今生和他重逢

Woman in the water No.1（次仁念紮／繪）

只為我的心中

有他留下的念珠

啊，一百零八顆念珠

是一百零八個等待的心願

【背景】

2000年3月10日，一個特殊的日子，我早早地趕到大昭寺廣場，廣場似乎如常，轉經的轉經，煨桑的煨桑，只有高高掛在某一處的喇叭異常響亮，旋律激越，猶如文革時期。

大昭寺門前依然是磕長頭的老百姓，此起彼伏；但大門緊閉著。後門也緊閉著。

只好轉帕廓。轉了三圈。第二圈時才感覺氣氛的隱隱異樣。似乎有一半的便衣。一半的信徒。但什麼都沒有發生。什麼不尋常的事件都沒有看見。

晚上收聽廣播，聽到了達賴喇嘛的聲音，說英語，語調如常，卻讓人悲傷。他說，只要眾生幸福，我可以不必回來。我可以像一個受傷的動物那樣走到遠處，打坐，禪修，思考來世……

他已經老了。41年的風霜，41年的滄桑啊。一個24歲的年輕人在流亡的歲月中很快地變成了65歲的老人。每次我一念及，就忍不住含淚，忍不住祈禱，為他的長壽，為自己能夠有見到他的一天。

但一身酒氣的朋友說，他周圍的許多藏人早已忘記了這一天，他們在酒吧裏喝酒，在歌廳裏唱歌，今天是什麼日子，他們早忘了。

於是，我寫了兩首歌詞，一首是懷念41年前的那個晚上，24歲的達賴喇嘛從幾曲河上坐牛皮船開始了他的流亡生涯，一首是紀念41年後，他向全世界吐露的心聲多麼悲哀……

回家

在一個寒冷冬天
風暴卷走了經幡
我的神鷹啊
它被魔鬼所傷
它驚飛的樣子
我想起來就會流淚

許多年已經過去
大地彌漫著香火
我的神鷹啊
它在哪里養傷
它疼痛的樣子
我想起來就會流淚

嗡嘛呢叭咪哄
嗡嘛呢叭咪哄
回家吧
讓我的神鷹回家吧
回家吧
讓我們的神鷹回家吧

【背景：同上。】

Woman in the water No.2（次仁念紮／繪）

在路上

在路上，一個供奉的手印
並不複雜
如何結在蒙塵的額上？

在路上，一串特別的真言
並不生澀
如何湧出被玷污的嘴唇？

在路上，我熱淚盈眶
懷抱人世間最美麗的花朵
趕在凋零之前
四處尋覓，快快奔走
只為獻給一個絳紅色的老人
一顆如意寶珠
一縷微笑
將生生世世繫得很緊

【背景】
1995年5月，第一次去墨竹工卡的德仲溫泉，在路上看見幾個徒步回寺院的尼
姑，她們的年紀比我小得多，心裏突然很感動。幾年後，在寫下這幾句時，
彷彿看見了一個絳紅色的老人，他就是達賴喇嘛，而我的所有努力就是希望
把一束「最美麗的花朵」獻給他。

低語

今夜如此孤獨
莊園消失
宮殿寂寞
望著高高的雪山
我的心兒多麼憂傷
哈達飄飄欲飛
連不上聚散的因緣
啊，誰能夠抓住這無常的時刻
誰的生命像鮮花怒放

今夜如此黑暗
狂風呼嘯
祈禱迴響
走在長長的路上
我的愛人多麼遙遠
燈盞若明若暗
願照亮今生的秘密
啊，誰能夠聽懂這深情的訴說
誰的靈魂像光芒閃爍

緣 份

一照銅鏡
昔日就會重來
那半夜恢復的容顏
身邊的歎息
一縷落髮
是從此相隔的塵世
正在被我夢見

一到春天
心兒就會消失
像野外徘徊的動物
忍住不叫喚
卻在深秋
和暗中渴望的因緣
落葉一般錯過

閉上眼睛
多麼地倉促啊
良辰美景頻頻閃現
又無法挽回
輪回之中
你早已經數世不遇
讓我憂傷難禁

Woman under water No.3（次仁念紮／繪）

謊言

聽哪，大謊就要彌天
林中的小鳥就要落下兩隻
他說：西藏，西藏，正在幸福

憤怒的親人不哭泣
遍地的袈裟也被狂風卷走
沈默已久的人們啊請敞開心扉

長大的孩子在哪里？
長大的孩子不在家鄉

祖傳的念珠在哪里？
祖傳的念珠還在地下

【背景】

1995年12月，在西藏發生了一件大事。在這裏我不想細說，我只想說的是，這一事件讓我沉痛地看見「一串無形的念珠」被「骯髒的塵世」玷污，可是「大謊就要彌天」，「萬木從未有過的凋零」，「小人物噤若寒蟬」……這是我寫的一首詩〈十二月〉裏的句子。

我把這首詩改成這首歌。其中的「兩隻小鳥」名號為十一世班禪，所以要這樣寫：「長大的孩子在哪里？長大的孩子不在家鄉。」而那個「他」代表的是製造謊言的專制者。

轉世

記得那天，晚霞似火，
好像燃燒的袈裟，
我看見他的臉，
啊，那孩子一樣的臉
如此難過，他原來在默默地
哭泣中長大！

經書發黃，金剛鈴生鏽，
沒有誰比他明白，
噩夢般的前世。
啊，群魔亂舞的年代，
如此可怕，他原來蒙受了
多大的羞辱！

深深的傷口，
在今世也隱隱作痛。
我多麼想看見他的微笑，
那是瞬息即逝的光芒，
閃爍在一個孩子的臉上，
我也不禁落淚。

合攏的雙手，
在祈禱時默默詢問。
我多麼想聽見他的回答，

Woman in the water No.4（次仁念紮／繪）

那是什麼樣的因緣，
顯現在一個喇嘛的身上，
在這無常世間。

【背景】

1999年6月，在康區旅行時，認識了一座寧瑪大寺的主持，一位沈默寡言、看上去很文弱的年輕朱古。一天他對我說起了他的前世的遭遇，當然他是聽親歷其境的老人們說的。那是1958年，康區已經在進行「民主改革」，寺院裏已經有不少喇嘛逃走了。很多人都勸他的前世一塊兒逃，可是已經六十多歲的仁波切卻不願意，他說我不走，這是我的寺院，我不能走。

結果，災難的那一天到了。翻身農奴們在幹部們的帶領下，把仁波切和其他喇嘛趕到一個糞坑旁批鬥，又是打，又是罵。有個男人竟用木棍挑著糞坑裏的髒物硬是塞進這些喇嘛的嘴裏，還逼著他們嚥下去。有個女人，不僅如法炮製不說，還一下子騎在仁波切的脖子上，用她骯髒、惡臭的裙子下擺蒙住仁波切的頭，仁波切那麼高貴的頭顱竟蒙受這天大的羞辱！而這竟然是藏人幹的事情！

我氣得眼淚奪眶而出。那麼你的前世他怎麼辦呢？我問眼前這位很少歡笑的仁波切。他淡淡地說，那有什麼，吃就吃唄。

雖然他是這麼說的，雖然我也知道，像那位老仁波切那樣的大成就者在精神領域中早已超越了這些，可以微笑著忍受一切不幸，而且最後被飛跑的馬拖死的時候也是含笑而去，而且，那惡魔似的女人，據說不久就吐血而亡，那男人也斜嘴、抽筋而死，都不得好死，遭到了報應，但我還是忍受不了這樣的事實。

春天

春天到了
春天的拉薩啊
每天下午，荒蕪的河谷
都會刮起沙暴
覺康的酥油燈啊
每天在我們的手中點燃

春天到了
春天的拉薩啊
每天幾次，周圍的兵營
都會吹響軍號
我蒼老的母親啊
每天繞著孜布達拉轉經

啊，拉薩的春天
拉薩的春天……
就這樣，一個個春天過去了

Woman in the water No.5（次仁念桑／繪）

【背景】

2004年藏曆新年期間，我的朋友Azara和卓瑪到拉薩朝聖。我們一起去了大昭寺，在覺康上了金粉。之後他倆去了桑耶寺。之後從滇藏線回去了。Azara來信說：「回到昆明了。很想念你帶我們逛拉薩的日子！和你相處很親切，以及街上跳舞的那個僧人，那兩個老人，讓我感受到拉薩親切可愛的一面。我相信這些東西是千百年的歷史留給拉薩的，就像你在解釋的照片，給我們看聖城的快樂和痛苦。記得臺灣《大地》雜誌有一篇描述耶路撒冷的文章，名

字叫〈天上的／人間的／和平的／戰爭的耶路撒冷〉每天下午河谷都在刮沙塵暴，覺康的酥油燈每天都點燃著，兵營每天都吹號，土旺老師每天都沿著轉經的路去買菜……幻影一樣交織的生活，我們就在這逐一顯現的照片裏。」

讚歌

嘉瓦仁波切千諾！
嘉瓦仁波切千諾！！
嘉瓦仁波切千諾！！！
喜悅啊，在世俗的雷鳴電閃之中，
堅熱斯的光芒穿破雲層，照亮內心！

嘉瓦仁波切千諾！
嘉瓦仁波切千諾！！
嘉瓦仁波切千諾！！！
祈禱啊，在輪回的急流漩渦之中，
堅熱斯的生命永久住世，指引正道！

嘉瓦仁波切千諾！
嘉瓦仁波切千諾！！
嘉瓦仁波切千諾！！！
遙望啊，在歷史的過眼雲煙之中，
堅熱斯的淨土蓮花盛開，眾生解脫！

【寫於2004年7月6日。再寫於2005年7月6日。再寫於2006年7月6日。謹以此詩獻給大慈大悲觀世音菩薩化身──嘉瓦仁波切！

西曆1935年7月6日，嘉瓦仁波切的誕辰日。從1935年到今天，已年屆71歲。從1959年到今天，已流亡47年。

「嘉瓦仁波切千諾」是一句禱詞，在西藏家喻戶曉，意思是：達賴喇嘛，請護念我！】

2000年－2006年，拉薩

Woman in the water No.6（次仁念紮／繪）

西藏的秘密
——獻給獄中的丹增德勒仁波切、邦日仁波切和洛桑丹增

1.

細細想一想，他們與我有何關係？

班旦加措❶，整整被關押了三十三年；

阿旺桑珍❷，從十二歲開始坐牢；

還有剛剛釋放的平措尼珍❸；

還有仍舊囚禁在某個監獄的洛桑丹增❹。

我並不認得，真的，我連他們的照片也未見過。

❶ 班旦加措：西藏的一位普通僧人。1959年3月在拉薩抗暴事件發生之後，28歲的他因拒絕出賣上師被捕入獄，隨後不斷加刑，受盡煎熬，直至1992年他已60歲時才被釋放。之後他偷渡印度，在達賴喇嘛居住的達蘭薩拉，向世人講述了記載他苦難一生的傳記《雪山下的火焰》。

❷ 阿旺桑珍：西藏的一位普通尼姑。1990年因參加拉薩街頭的抗議遊行，年僅12歲的她被捕入獄，成為西藏年齡最小的女政治犯，9個月後才獲釋。又因參加1992年的示威遊行再次被捕，坐牢長達11年。在獄中，她和另外13名尼姑把獄中生活編成歌曲，用偷運進來的錄音機錄下後再偷送出去，在社會上引起極大震動，她們被稱為「紮基歌尼」（唱歌的阿尼）。2003年在國際社會的強烈抗議下，身體狀況極差的她提前10年獲釋。

❸ 平措尼珍：西藏的一位普通尼姑。1989年，因「反革命宣傳煽動罪」被判處9年徒刑。1993年，因和囚禁在紮基監獄（即西藏第一監獄）的其他13名尼姑一起錄製嚮往自由和歌頌達賴喇嘛的歌曲而被加刑8年。2004年2月24日，在國際社會的強烈抗議下，身體狀況極差的她提前13個月獲釋。她也是最後一個獲釋的「紮基歌尼」。

只在網上看到一個老喇嘛的跟前，

手銬，腳鐐和匕首，幾種性能不同的電棒。

他那凹陷的臉，溝壑似的皺紋，

卻還依稀可見年輕時的俊朗。

再美也不屬於世俗，因為自幼出家，

外表的美需要向佛陀的精神轉化。

十月的北京郊外，秋風蕭瑟如換了人間。

我讀著在拉薩下載的傳記，

看見雪域的眾生被外來的鐵蹄踩成齏粉。

班旦加措在低語：「我一生中大部分的時間，

都在中國人在我的國家裏所設的監獄中度過。」❺

但還有一種聲音，從中可以「辨認出寬恕的話語」❻。

❹ 洛桑丹增：拉薩人，生於1966年，被捕之前是西藏大學藏文系二年級學生。1989年3月5日在所謂的「拉薩騷亂」中，他被指控謀殺了一位中國武警，儘管沒有任何證據顯示他跟這宗案件有關聯，但他被判死刑，緩期兩年執行。在國際社會的抗議下，改為無期，後又改為18年。從2004年起，他還將服刑10年，目前被關押在林芝地區波密縣監獄。這是一所專門關押重大政治犯的監獄，有25人，一人已瘋，洛桑丹增本人因遭毒打，心臟和腎臟都嚴重受損，直不起腰來，雙目出現陣發性失明，頭部經常劇烈疼痛。很多人都擔心，按照他的身體狀況，他恐怕很難捱到2014年。

❺ 摘自電子版《雪山下的火熖》（第十一章〈在廢墟中〉），班旦加措口述，夏加次仁記錄，廖天琪譯為漢語。

❻ 摘自米沃什（波蘭）的詩《吹彈集》，杜國清（台灣）譯。

戴面具的魔鬼不定期地原形畢露，
連古老的神祇也敵它不過，
反倒是一個個肉體凡胎憑添許多勇氣。
誰若把深夜裏的祈求變成陽光下的呼喊，
誰若把高牆下的呻吟變成傳向四方的歌聲，
那就逮捕！加刑！無期徒刑！死緩！槍斃！

我素來噤聲，因為我幾乎什麼都不知道。
我一生下來就在解放軍的號聲中成長，
適合做共產主義的接班人。
紅旗下的蛋，卻突然被擊破。
人到中年，遲來的憤怒幾欲沖出喉嚨。
紛飛的淚水只為比我年輕卻蒙難的同胞難以止住。

2.
但我認識兩個正在獄中的重犯，
都是活佛，都是東部的康巴。
晉美丹增❼，阿安劄西❽；或者邦日，丹增德勒；
這分別是他們的俗名和法名。
就像某個遺忘的密碼得以啓動，
並不遙遠的記憶推開在刻意迴避時關緊的大門。

是的。最早在拉薩的郵局。他請求我寫一封電報。

他笑吟吟地說：「我不知道中國人的字怎麼寫。」

他應該是我眾多朋友中的第一個活佛，

一次藏曆新年，我們走進帕廓街的一家照相館，

在花裏胡哨的佈景前親切地合影。

我還把他帶到朱哲琴的MV^❾中，表演優美的手印。

一個戴眼鏡的衛藏女子成為他的伴侶。

他倆辦了一所孤兒院，五十個孩子都是流落街頭的小乞丐。

我也認領了一個，但有限的憐憫很快因突發的意外而中止。

他倆為何被捕，我一無所知，據說與某個早晨，

在布達拉宮廣場升起的雪山獅子旗有關。

但我得承認，我並不想瞭解太多，也從未有過探監的念頭。

❼ 晉美丹增：西藏康區以北的一位活佛，法名邦日。大概在1997年，他和妻子尼瑪曲珍在拉薩開設了一所
名為「嘉措兒童之家」的孤兒院，收留了50名在街上當乞丐的孤兒。1999年，他倆被指控從事間諜和危害
國家安全活動而遭逮捕，並被分別判處15年和10年徒刑。孤兒院也被迫關閉，相當一部分孩子由於無家可
歸重新流落街頭。

❽ 阿安紮西：西藏康區以南的一位活佛，法名丹增德勒，雅江和理塘一帶的康巴百姓習慣稱他「大喇嘛」。
他深入農村牧場講經傳法，從事衆多慈善事業，創辦孤兒學校，扶助孤寡老人，修路修橋，保護生態，教
育百姓戒煙酒禁賭博不殺生，是一位深受當地百姓愛戴的活佛。但2002年12月，他被當局以「煽動分裂國
家」和「製造系列爆炸」的罪名判處死刑，緩期兩年執行。而這一黑箱操作的大案存有很多疑點。兩年
來，國際社會、流亡藏人社區和中國內地的一些知識份子強烈呼籲，要求中國政府遵守法律，重新公開審
理此案，卻至今不被理睬。此案同時牽連當地許多藏人，其中一位名叫洛讓鄧珠的藏人已被槍決，還有達
提等藏人被判刑入獄。

❾ 1996年，因歌曲〈阿姐鼓〉成名的歌手朱哲琴，到拉薩拍攝歌曲〈央金瑪〉的MV，其中有幾個鏡頭是
一個僧人的手印，那個僧人就是邦日仁波切。

是的。幾年前的雅礱江邊，他凝望著在洪水中翻滾的蘋果：
「看，報應來了。」他的痛楚讓慕名而來的我不知所措。
他當然著名。在這個紛紛變節和沈默的年代，
走遍鄉村傳揚佛法的他，直面政府批評時弊的他，
是那麼多農民、牧人和他撫養的孤兒心中的「大喇嘛」，
更是官員們的眼中釘和肉中刺，不拔除不足為快。

一次次精心設計的圈套，終於在「911」之後把他套牢。
堂而皇之的罪行，要借「反恐怖」的名義殺一儆百。
據說私藏炸藥和淫穢錄影的他，策劃了五起甚至七起爆炸案，
但我記得，身陷囹圄的半年前，他難過地說：
「我的媽媽病死了，我要為她閉關，修法一年。」
一個立下重誓的佛教徒，怎會與殺生奪命的爆炸案有牽連？

3.
我還認識一位喇嘛，他教給我皈依和觀想的經文。
但那天在色拉寺，他的學生對我哭訴，
正在修法的他，突然被警車帶往有名的古紮看守所，
理由是他涉嫌這個或者那個企圖顛覆政權的案件。
我和幾個僧人趕去看望，路上塵土滾滾，不像今天鋪上了柏油。
酷日下，見到的只是持槍的士兵冷若冰霜的臉。

如同突然被抓，他又被突然釋放，結論是證據不足。
在劫後餘生的感慨中，他送給我一串奇異的念珠，
是用牢裏的饅頭、窗外開得黃燦燦的鮮花和親人送來的白糖捏成的。

↑ 邦日仁波切（最後一排左四）在他創辦的孤兒院與孤兒們在一起，左三是他的太太尼瑪曲珍。拍攝於1997年2月。

↓ 丹增德勒仁波切（前排正中穿袈裟者）在他創辦的學校和孤（貧）兒們在一起。拍攝於1999年6月。

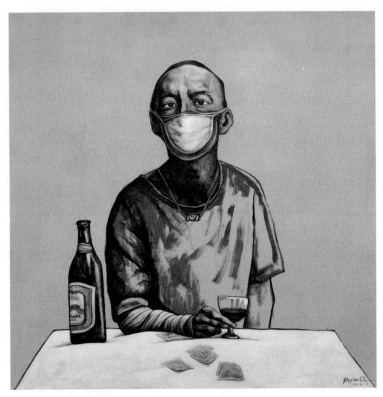

Masked man（羅布次仁／繪）

每一顆都有密密的指紋；每一顆都彷彿留著體溫，
誦念的佛經，九十多個屈辱中的日子。
一百零八顆念珠啊，堅實得像一粒粒頑強的石頭。

我還見過一個阿尼，她的年紀才是我的一半。
當她沿著帕廓，邊走邊喊，那藏人皆知的口號，
就被沖上來的便衣蒙住嘴巴的夏天，
我正為二十八歲的生日挑選美麗的衣裳。
而我十四歲時，一心想在來年考入成都的高中。
我寫的作文，有一篇獻給正跟越南人打仗的解放軍。

七年後，被逐出寺院的她替一位好心的商人打工。
她個子矮小，強烈的陽光下戴一頂難看的毛線帽。
「換一頂布帽子吧。」我打算送給她。
但她不肯。「我頭疼，帶毛線帽要好受得多。」
「為什麼？」我從未聽過這樣的說法。
「因為我的頭在監獄裏被他們打壞了。」

至於點頭之交的洛丹，有著令人羨慕的職業和前途，
卻在一次通宵狂飲之後，獨自搭車去了甘丹寺。
據說他在山頂拋灑「隆達」時，喊了幾聲那致命的口號，
駐守在寺院中的警察立即將他抓獲。
黨的書記批示「酒後吐真言」，
一年後，拉薩街頭又多了一個被關過的無業遊民。

4.

寫到這，我不願把這首詩變成控訴，

但被囚禁的人，為什麼，穿袈裟的比不穿袈裟的更多？

這顯然有悖常識，誰不知道暴力與非暴力的界線？

果然是羅剎女的骨肉，寧肯把苦難交給自己的喇嘛和阿尼。

讓他們挨打，將牢底坐穿，甚至赴死。

擔當吧，喇嘛和阿尼，請你們為我們擔當！

無從知道，那難捱的分分秒秒，那難忍的日日夜夜，

怎樣地折磨著一個人的肉體和精神？

說到肉體，我不禁暗自發抖，

我最怕的就是痛，一個耳光都會把我打垮。

羞愧中，我替他們數著彷彿沒有盡頭的刑期。

西藏的良心啊，不止一顆，在現實中的地獄持久地跳動。

而在那轉經路上的甜茶館，無關痛癢的小道消息滿座飛；

而在那轉經路上的茶園，快樂的退休幹部把麻將打到天黑；

而在那轉經路上的小酒館，腆著肚皮的公務員每晚喝得大醉；

唉，讓我們快樂地消極下去吧，總比當一名「昂覺」要好得多。

所謂「昂覺」，就是「耳朵」，就是那些看不見的告密者。

多麼形象的外號！多麼幽默的拉薩人！

背叛與出賣，在窺探和竊竊私語中悄悄地進行。

幹得越多，越能夠得到豐厚的賞賜，足以變成一個大人物。

一次走在街上，奇怪地，我一下子緊緊蒙住自己的耳朵，

擔心它稍有疏忽，就落入別人的掌心；

Drinking couple, Police phobia（次仁念紮／繪）

擔心它也變成「昂覺」，伸向各個角落，越來越尖，
就像童話中那個小孩的鼻子，一說謊就變長。

究竟有多少可疑的「耳朵」就在身邊？
又有多少不是「耳朵」的「耳朵」卻被錯怪？
如此奇異的人間景象，比糖衣和炮彈更容易摧毀一切。
想到這些，我憂傷地、不情願地發現：
還有一個西藏，就藏在我們生活的西藏的另一面，
這讓我再也不能寫下一首抒情的詩！

Temperature, Endlessly painted bottle of Beer（羅布次仁／繪）

5.

但我依然緘默，這是我早已習慣的方式。

理由只有一個，因為我很害怕。

憑什麼呢？有誰說得清楚？

其實人人都這樣，我理解。

有人說：「藏人的恐懼用手就可以感觸到。」[10]

但我想說，真正的恐懼早已融入空氣之中。

就像提起過去和今天，他突然的啜泣令我驚駭。
絳紅色的袈裟蒙住他的臉，我卻忍不住大笑，
為的是掩飾猛然被揪疼的心。
周圍的人們向我投來責備的眼光，
只有從袈裟中抬頭的他，當我們雙目交織，
微微的顫慄，讓彼此覺察到恐懼的份量。

一個新華社的記者，一個藏北牧人的後代，
在中秋之夜噴著滿口的酒氣，用黨的喉舌呵斥我：
「你以為你是誰？你以為你的揭露就會改變這一切嗎？
你知不知道我們才在改變一切？你搗什麼亂？」
我的確犯規了嗎？我想反駁，卻從他的嘴臉看出走狗的凶相。
而更多的人，更為嚴重的搗亂，是不是足以被清除出局？

我彷彿聽見她們用誦經的嗓子輕柔地唱道：
「芬芳的荷花，在太陽的照射下枯萎了；
西藏的雪山，在太陽的高溫下燒焦了；
但是永恆希望之石，保護我們這群誓死追求獨立的青年。」[11]

[10] 2002年6月11日，「德國之聲」報導：「瑞士新蘇黎世報對西藏做了詳細報導。……第一篇文章顯然是以西藏實地採訪為基礎，先報導了在西藏街頭的景象以及藏人的自我意識，然後，文章退一步寫道：『但是，當我們試圖接近藏人時，這些自豪的山民就變成了膽小怕事的策略家。人們不禁懷疑，他們是否在否定自己。……許多人都害怕，一旦提起自己的民族，會帶來麻煩。……西藏到處飄揚的是中國國旗，藏人的恐懼用手就可以感觸到。』」

[11] 1993年，在拉薩著名的紮基監獄，阿旺桑珍、平措尼珍和12名尼姑用她們不屈服的歌聲，向世人揭露了黑暗和殘暴的真相，表達了深藏在藏人心中的期望。這是其中的一首歌，後來曾在國外電臺中向聽眾播放過。

不，不，我並不是非要將政治的陰影帶進詩中，
我僅僅在想，那囚牢裏，才十多歲的阿尼為何不畏懼？

那麼書寫吧，只是為了牢記，這可憐巴巴的道德優越感，
我當然不配，只能轉化為一個人偶爾流露的隱私。
遠離家鄉，身陷永遠陌生的外族人當中，
懷著輕微的尷尬，安全地、低聲地說：
細細想來，他們與我怎會沒有關係？！
而我只能用這首詩，表達我微薄的敬意，疏遠的關懷。

2004年10月21日 初稿，北京
2004年11月10日 修改，北京

路上的發現

當輪子飛轉……

當輪子飛轉，引號為我打開，遠方就在眼前。那些飛轉的輪子：越野「三菱」的輪子，「北京」吉普的輪子，「東風」卡車的輪子，長途客車的輪子，微型「麵包」的輪子，紅色計程車的輪子，還有手扶拖拉機的輪子。……還有馬，馬的四蹄因為釘上了橢圓形的鐵掌，「得得」踏地而行時，留在地上的足印也似輪子的轍跡。……還有徒步行走的時候，往往是轉「廓拉」（轉經路）的時候，那更是一圈圈圓形的路，是心靈的輪子在大地上刻下的轍跡……憑藉飛轉的輪子，我獨自走在大地上。

輪子飛轉。說到底，所有的交通工具只有一個名字，那就是驛車；所有經過的地方也只有一個名字，那就是驛站。而驛車和驛站的意象是古典的。更古典的是驛馬和驛使的形象。有人說，如果要讓驛馬跑得飛快又不知疲倦，最好是給它餵幾滴甘醇的瓊漿——是剛剛釀出的頭道青稞酒，還是在喇嘛的聲音和視線裏得以淨化的藏紅花聖水，會讓我的馬兒啊變成一匹快馬，千里馬，有翅膀的飛馬？……驛使即信使。仿佛古代那塵土飛揚的道路上，急馳著一個揚鞭催馬、風塵僕僕的信使。

難道我其實是一個信使嗎？是否在我的內心深處，永遠保存著一封尚未完成的信件，它剛起頭，還不知如何寫下去？那麼，我究竟是一個自己給自己送信的信使？還是一個不知道要把信送給誰的信使？還是一個尋找著神秘的收信人的信使？——「馳煙驛路」，或者，「驛外斷橋邊，寂寞開無主」……總之，我獨自走在路上的形象很像一位信使。而一位內心的信使通常是不需要同伴的。因為珍藏在內心的信件，還有待於在一個人行走天涯的路上去書

寫，去補充，去完善。如果有同伴，那必須是唯一的伴侶，將是未來的信中一篇篇值得紀念的最美好的內容……驛馬飛奔，驛車飛馳，條條驛路能夠記住走過它的人嗎？假如道路也是有生命的，道路的記憶必定藏在滾滾塵土裏，只有信使的身上才會攜帶著，才會堆積，那所有的歡笑和眼淚。——「把塵土歸還給塵土吧」，把黃沙歸還給黃沙……然而百丈黃沙啊！

輪子飛轉。那是我手中幻現的嘛呢輪正由左至右、時刻不停地旋轉，在旋轉中，它把我也變成了這樣的一個嘛呢輪，讓我的心漸漸地鎸刻下無數奧妙的文字，在誰的手中旋轉，旋轉，永遠旋轉！

而當我走在大地上，我漸漸發現，並不是我去看望或者遊歷每個經過的地方，而是那些我偏愛的地方在問候著一個終於回家的遊子。同時，我聽見它在無聲地呼喚著我的名字猶如我內心深處的陣陣迴響。在呼喚或迴響的時

候，我的名字發生了奇異的變化。一個舊日的名字退隱了，它是長久以來與你的世俗生涯相關的象徵或聯繫。而另一個前世的名字復活了，帶著濃重的捲舌音和彈音，質樸而原初，充滿精神的慰藉，有一種與它本來的意義相近的某種珍稀的光芒漸漸明亮的過程。那些地方似乎讓我從未如此清晰地聽見了自己的名字，我有些遲疑，又有些欣喜地輕輕地應了一聲⋯⋯

我所有的文字都是尋找的文字
我所有的旅行都是尋找的旅行
我尋找的是什麼呢？
我把你的名字珍藏在心間
我把你的形象寄託於深夜的夢境
我把你的耳語逐句記憶
它們帶著你的呼吸，你的心跳
仿佛家園和親人
仿佛另一個自己
生生世世與我相依相伴

1999年，拉薩

兩個西藏：名詞＋形容詞

按照西藏傳統的地理觀念，整個藏地由高至低，分為上、中、下三大區域，有上阿裏三圍、中衛藏四如、下多康六崗的說法。阿裏三圍乃群山之巔，眾水之源，是「世界屋脊」的屋脊。衛藏四如，系前藏和後藏的總和，即今天的西藏自治區版圖上的拉薩河谷、雅礱大地和日喀則及其以西、以北的廣大地區。而多康六崗，高山縱穀之間急流如織，也有草原與荒漠並存，或人煙稠密，土地肥腴，或天蒼蒼，野茫茫，風吹草低見牛羊。其中，「多」為安多，即今青海、甘肅、四川等省份的許多藏地；「康」為康地，包括今青海省玉樹州、雲南省迪慶州和四川省甘孜州及西藏的昌都地區等，更為廣闊，險峻，壯麗，那是我引以為傲的故鄉。其他還有嘉戎藏地即今四川省阿壩州和甘孜州的部分藏地。

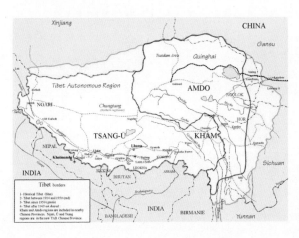

這張地圖Map as whole，包括多（安多，AMDO）、衛（衛藏，TSANG-U或U-TSANG）、康（康地，KHAM）等地域，涵蓋了傳統地理學的西藏。

在如今的中國行政區劃上，西藏即指西藏自治區，包括過去的上部和中部，面積爲122.84萬平方公里，占中國總面積的八分之一；下部則分散于青海、四川、雲南和甘肅等地，面積總和同樣有100多萬平方公里，含有十個自治州和兩個自治縣。與中國其他二十三個省份一樣，這是一些在名稱上毫無特殊色彩的省份；這些省份還居住著許多民族，有的省多達幾十種，當然其中最多的是漢族，以致於分散在這些省份的藏族聚居地，雖然額外附加的有一個特殊之名，如某某藏族自治州或某某藏族自治縣，因爲久已被囊括在這些省份的範圍之內，實行的是與這些省份基本一致卻與西藏自治區不盡相同的政策，加之多少年來各種傳媒的作用，通常在人們的心目中，形成了唯有「西藏自治區」才是西藏的認識。這種認識無疑是有限的，但已似習慣，連我有時也難以避免地，或多或少地有這種感覺，所以當越野車駛過一座橫架在金沙江上面的鐵橋時，這橋似乎是一個鮮明的界碑，我覺得我們這才算是進入了西藏。

這橋叫作崗拖大橋，據一位曾經同樣由此線到拉薩的旅行者描述：

橋爲鋼鐵鉚成，三角結構，橋面覆以木板，橋長目視約爲50米，看來架此橋選擇了江面稍窄處。橋下江水墨綠，穩速南流，只是通過水紋的參照，才覺流速不低。過橋後，車沿江岸公路行駛，見這金沙江峽谷，兩壁接近垂直，岩壁以上就是漫向山嶺的杉林。

接著，他感歎道：

過橋一會，就是我見的西藏的第一個小鎮——崗拖，它與江東的藏族村莊並無異樣，只是小而簡些。我的心情因盼西藏盼得太久太疲，猛一見西藏的景和人反而興奮不起來了。

看來，這位言簡意賅、頗有科學工作者考究之風的北京文人，也將一座橋、一條江視爲西藏的分界線了。

實際上，我們仍然走在壯麗的康之大地上。康之大地延伸至西藏自治區的版圖之內，是地形圖的東邊那猩紅而狹長的一片，其山脈走向與河流流向呈南北之狀，並列縱貫，形成三山挾三江的險峻景觀，這就是著名的橫斷山、唐古喇山和念青唐古喇山的分支之間奔騰著金沙江、瀾滄江和怒江；而這些在地圖上密集的、漫長的、呈梳齒般序列的線條，僅匆匆一瞥，就能讓人心跳加快，立即感到如滾滾而來、嘶聲震天的千軍萬馬之氣勢。這分明是地理學上的奇蹟，倘若親臨其境，更會令人驚心動魄，畢生難忘。

我的意思是說，雖然我們僅僅走的是川藏公路的一小段，但我們已經看到，形狀複雜、顏色火紅的山脈之上無數陡峭的切面或斜坡，和流速湍急、浪花飛卷的河川之中頻繁深陷的峽谷或急彎，以及近處的綠草成茵，遠處的層林疊翠；而且滿耳是自然界中各種激越或細微的聲響彙成的旋律猶如陣陣無字的大合唱。總之，其畫面之美，聲音之美，處處美不勝收，卻處處都是驚險的美，這種美顯然不能領略得太多，否則會使心臟和神經受不了。

可否把那莽莽林海下面，幾排馱著柴禾的笨重犛牛，被一個哼著小調的放牛小孩緩緩地趕著回家的情形，當作少許的慰藉呢？但我怎能忘記，逐漸地，一個深藏在大自然裏的迷宮出現了——山是重重復重重，沒完又沒了，在螺旋式的上升中開始裸露出稀疏的草皮和巨石；山與山之間的彎度則越來越少，越來越急，總是讓人產生錯覺，以爲轉過了這道彎就可以下山，沒想到又是一座座「欲與天公試比高」的山。而它們以矮拉山、達馬拉山階梯似的名字，和漸漸升至五千多米的海拔，隨著天色的轉變，使我有走不出這由群山構成的迷宮之感，在略微的驚嚇之中我索性閉上了眼睛，命令自己趕快入睡。

記得途中曾經下車，是被一排由公路斜伸向遠方的山脈所吸引。它起伏不

定，中間突然高聳，有那麼一大片如劍一般尖尖地刺入雲天，卻佈滿大大小小的洞孔，似是被狂風刮穿吹破（空穴來風？）；從最大的一個落葉形狀的洞孔望去，竟可見另一邊空中飄浮著綺麗的紅霞，那時正是黃昏時分。我們紛紛拍照或留影，為大自然的鬼斧神工嘆服不已，往下一看，竟發現在稍微低緩的斜坡上，零星地散落著幾頂黑帳篷。我正在思忖帳篷裏的人們——我的族人，是如何在這樣絕頂的高處自生自滅，忽然間，像是有只大手輕輕一揮，那滿天的霞光一下子消失了，使先前宛如錦繡的雲朵頓時黯然失色；風也乍然而起，挾著一股冷氣，將一簇簇細小的草吹得簌簌發抖；群山變得猙獰，那些洞孔一個個隱隱地生動起來，就像是誰的身上突然有無數的眼睛在眨動。我們趕緊回到了車上，莫名地有些驚懼不安，久久地默然無語。畢竟我們還不習慣美的多種面目，正如不習慣佛的多種化身，但我開始相信，住在黑帳篷裏的人，或許不會是普通的牧民。

更何況不僅僅是美學方面的問題。沒有這麼簡單！一座山固然構成一種風景，究其本質，一座山更是一道屏障。而一座座山呢？一座座連綿起伏、積雪覆蓋的山是什麼？一座座以不規則的幾何形狀和絕無僅有的高度分佈在地球某處的山是什麼？比如那被稱作喜馬拉雅山脈的，蜿蜒長達2000多公里，擁有許多七八千米以上的高峰，矗立其間的珠穆朗瑪，高達8848米，是世界第一高峰，這又意味著什麼？

著名的瑞典探險家斯文‧赫定把這一座座山描述成「在我們星球表面上能夠見到的最大的地殼隆起」。英國作家彼得‧霍普柯克直截了當地認為這種隆起「在西藏的四周設起了最好的天然屏障」，西藏成為「巨大的天然堡壘」，巍然屹立在「中亞心臟地區」。中國作家王力雄在《天葬——西藏的命運》中更是不容置疑地肯定，正是由於貫穿各個邊緣的無數條大山脈，以及從峰巒疊嶂的群山中橫劈而過的江河，「把西藏高原圍成了一個橢圓狀的封閉區域」，「使西藏人得到最好的保護」，這就叫作「天助西藏」，是「天」讓「地球上高聳起這樣一塊大地，以它的高度構成了與周圍低地相區別的生活環境，產生

了一個獨特的文明」。

西藏人自己則感慨道：

我們生活在崇山峻嶺之中，山巒長年積雪，陡峭而險惡。那高聳入雲的懸崖絕壁小徑上，狂風吹來，整個商隊都會喪命，甚至風的嚴寒也能置人於死地。在此地旅行，從一個落腳地到另一個落腳地，有時要走好幾天甚至幾個月。（當采仁波切，《西藏——歷史·宗教·人民》，下同。）

但是，西藏人並不覺得無法生存下去，因為——

我們認為西藏是最幸運的地方，釋迦給我們派來很多上師，我們的家鄉為許多「強曲森巴」（菩薩）保佑著。……在這片土地上，只要我們希望，我們就能得到觀世音的保佑。如果這就是奇蹟，那麼西藏就是一個充滿奇蹟的地方，因為觀世音總是不斷地顯聖，引導和幫助我們。

足夠了。這已經足夠了。是否可以這麼說，實際上有兩個西藏存在；一個是「地理」的西藏，一個是「人文」的西藏，而這兩個西藏的週邊，啊山，那麼多的山，那麼高的山，山山相連，山山相映，環繞著，護衛著，甚至封閉著全部的西藏！

「地理」的西藏，儘管以眾多的、巨大的天然屏障令人生畏，卻不是不可以突破和穿越的，即使憑著一雙大腳和足夠的勇氣，也能走遍東西南北。但這已是過去的歷史。今天，人類已經進入了機器時代，發明了各種現代化的交通工具，天上飛的，地上跑的，不一而足；今天，放眼看地球，在胸懷「人定勝天」的豪邁氣概的人類手中，到處都是「天塹變通途」，舊貌換新顏。西藏，這個所謂最後的一塊淨土，在周圍四起的「喝令三山五嶽開道——我來了」的怒吼聲中，也殆已失盡它在「地理」上的遙遠、險要和神秘了。但由

於各種惡劣的自然氣候的作用，這些「通途」經常又會變成「天塹」，於是乎，人們又得像愚公移山一樣，與天鬥一番，與地鬥一番，反反復復，永不甘休，恨不得把高山炸平，讓河水倒流。

然而「人文」的西藏，似乎永遠令人迷惑，永遠令人望而興歎，若想進入談何容易，這甚至對於本土的（多數）人也一樣如此。許多人在那隱而不見的屏障面前碰壁、迷路，甚至僅僅是藏語那彎彎曲曲的文字及連續不斷的輔音和啞音就能使人望而生畏；許多人或者繞而行之，把那附著於屏障之上的五光十色的「奇雲」、「異獸」、「怪石」之類概而言之爲「民俗」，就像那種以爲只要拿著相機在西藏走一圈，就能拍出好照片的人。至於另有用心者，這裏就不說了。

必須肯定西藏的意義絕不僅僅體現在「地理」上。在最早的藏學家中，19世紀初的匈牙利人喬瑪這個書呆子，了不起的語言學家，起初只是由於陌生民族的語言魅力，曾在今天阿裏一帶的幾座寺院學習藏文和佛教典籍，並以一位格西（藏傳佛教中相當於博士的學位）喇嘛爲師，幾年以後，他不僅成爲一名研究藏傳佛教的專家，而且行爲舉止也大爲改變，用後人的話來說，「酷似一名西藏修道者（在寂靜和三昧中度過數年的山僧）」，以致於人們相信他是第一個「『夷人』信徒」。

近代藏學家瑞士人米歇爾·泰勒在《發現西藏》中，對他的學習生活作了如此生動的描述：

供希望擺脫塵世而從事寂靜三昧修持的僧侶們使用的許多間小石屋，居高臨下地俯瞰著寺院。其中的一間小石屋供喬瑪使用，他在那裏一住就是三年。晨鐘暮鼓，悠然而令人傷感。喬瑪經常下到寺院去，與喇嘛們一起聽課，然後用行李帶背負一、兩卷《甘珠爾》，攀登陡峭山崖回到自己的小

石屋，日復一日地沉浸于學習修持之中，而忘記外部的世界。喬瑪成了一個名副其實的隱修山僧。

對此，米歇爾‧泰勒這樣總結到：

大家可以把這兩大類著作（即《甘珠爾》和《丹珠爾》）比為圍繞西藏的兩大山脈。它們都是保護藏傳佛教内部生活的神奇屏障。儘管它們似乎僅僅包括（尤其是《丹珠爾》）「一大堆不規範文字」，只能為非受奧義者提供很少的内容，但我們卻不能忽略這一切。當然，大部分西方人都拒絕接受這一切，這就是為什麼在那些成功地進入西藏的人中，只有很少人才理解了該地區的真實面貌。尚未進入過西藏領地的喬瑪已經比他之前和之後的大部分西方人都更深入地理解西藏社會及其獨特的社會秩序了。因為他是第一個或很少有的幾個人，艱難地接近了另一個特別重要的難題——藏文著作的神聖清靜。

因此，無論是「地理」的西藏，還是「人文」的西藏，實際上這兩個西藏難以分割，其實是、必然是你中有我，我中有你的關係。另外，從詞性上來說，前一個西藏是名詞，後一個西藏是形容詞，套用米蘭‧昆德拉有關歐洲的一番評論，即：作為形容詞的「西藏」意味著這樣一種精神上的同一性，它延伸到地理學意義上的「西藏」之外（如「香巴拉」），並和「西藏的……」（如「藏傳佛教」）一起降生。

——我是否陷入了文字遊戲之中？我是否說「西藏」一詞說得太多，卻從未說清楚過？可我沒法不反復地提到它。因為我的生活，我的親人的生活，我的同族人的生活，都在那裏。生活在別處？不，生活就在那裏。永遠在那

裡。而那裡的生活，使我終於知道「西藏」這個詞，年紀太老，份量太重，色彩太深，在漫長的歲月裡已經變成了一座大山，像珠穆朗瑪，像崗仁布欽，像西藏的任何一座山。它實際上自成屏障，是天然的，也是人爲的；充滿誘惑，卻難以逾越。它多麼像一個夢。或許它只能在夢想裡存在；在夢想裡，它即是所指，也是能指，——啊，西藏，「從詩的角度看，這是唯一可能的稱呼」！

我還知道，我原本就是那山上的一粒石子，一棵小草，一隻野兔似的動物，所以我深深地熱愛著它。我熱愛西藏的每一座山。有時候懷著溫柔的感情；有時候懷著憂傷的感情；有時候懷著驕傲的感情；也有時候，就像走在這條驚心動魄的路上，我不禁懷著些微恐懼的感情。但，誰能否認，這不是出於深深的愛呢？

1999年2月，拉薩

當鐵鳥飛過西紮日

早在千年前，西藏就流傳著有關「鐵鳥」的預言。在這個預言中，除了「鐵鳥」，還有「鐵馬」，可我曾在〈當鐵鳥掠過魂湖〉的散文中引述過，再說一遍是不是顯得囉嗦？但預言和廢話不一樣，值得我們反復重溫，尤其當身臨其境之時，剎那間的若有所悟竟然伴隨著驚詫。

「當鐵鳥在空中飛翔，鐵馬在地上奔馳，西藏人將如螻蟻般星散各地，佛法將傳向紅人的領域……」具有八種不同變相的蓮花生大士（公元8世紀時從印度來到西藏，是藏傳佛教密宗的開山祖師）並非只有這句預言，更多的預言（驚人地準確）收錄在他的傳記《貝瑪噶塘》中，飽讀經書的西藏僧侶和那些因口耳相傳而默記于心的老人們最爲熟悉，但至少在20世紀中葉以前，沒有幾個人想像得出，鳥和馬也可由鋼鐵煉成，除非是神力或者魔力所化。當然，如今誰都明白，這「鐵鳥」就是飛機，這「鐵馬」就是汽車。

對於熱愛旅行的我，只要在路上，就會從這匹血肉之軀的馬背上，跳躍到那匹鋼筋鐵骨的馬肚子裏，實在是再平常不過。但鐵鳥就不同了，雖然翻動扶搖翅膀的它亦可負載著我，掠過大地上的萬千景象。我的意思是說，2004年9月的一個正午，我和我的喇嘛上師告別西紮日那個著名的修行洞（西紮日是一座藏傳佛教信徒視爲神聖的高山，位於西藏澤當境內，海拔大概四千多米，在其聳入雲天的山巔有一洞穴，蓮花生大士曾隱居多年，一心禪修，全身所煥發的多彩靈光常常將整座山照耀得晝夜通明，據說虔誠的朝拜者可以得到他的智慧加持），充溢在我心中的喜悅使我忘卻了昨日登山的辛勞，反而十分地自豪，因爲隨行的僧侶誰都不相信，我竟然能夠背著滿滿的兩個背囊

（其實在山上只住一夜，可我的裝備足夠三天），不但走得輕鬆，還要放聲祈禱，與此同時，還用數位相機拍攝了大量的途中所見。帶有宗教色彩的旅行總是愉快的。我心滿意足地回過頭，想再看一眼掛滿了五色經幡的修行洞（如今在洞穴上蓋了一幢白牆紅頂的小屋），恰在這時，一架銀色的飛機，不，一隻鐵鳥，突如其來，它遙遙不可及地飛過了高高的西紮日神山，從藍天上一閃即逝。

這是令人驚詫的一瞥。假如我不回頭，就不會看見飛過西紮日的這只鐵鳥，因為它的飛翔竟無聲無息，又十分迅捷，在刹那間留下的是很不真實的感覺。我看見了嗎？我看見了。可是我看見了什麼呢？西紮日神山依舊默默地矗立著，經幡依舊招展著，依稀可見穿絳紅袈裟的人們正走著，但先前，明明有一隻（繼而還會有兩隻、三隻不等）閃著亮光的鐵鳥，飛過。我想起昨日上山時一位僧人講述的傳說，原本西紮日乃魔鬼化身，它不停地往上生長，幾欲刺破天空，於是法力無邊的「古汝仁波切」（西藏人對蓮花生大士的稱謂）特意在此修行，終於將其降伏。而今亮光閃閃的鐵鳥又至，這又象徵著什麼呢？

2005年2月1日，北京

西藏路上的痕跡

1.

從林芝地區的八一去朗縣的路上：大山，溝壑，長河，彎路。

下午五點快半。突然看見路邊的巨石上，書寫著以下大字：「高舉毛澤東思想萬歲」。

右下角的字跡已被塗抹，無法辨認了。

這顯然是文化大革命的產物。而且是病句。呵呵，思想怎可高舉？高舉又怎能萬歲？這病句難道出自咱們的「翻身農奴」之手？畢竟不是母語，而且剛剛「翻身」，可以原諒。

立此存照：紀念三十九年前發生在西藏的文化大革命。

2.

從山南地區的澤當去加查的路上，在海拔5088米的布丹拉山口。

中午十二點剛過。上坡，轉彎。遠遠地，三座形狀奇美的雪山驀然出現。重重疊疊的經幡，有些在風中招展，更多的鋪在枯黃的草地上。

突然看見路邊的巨石上，書寫著以下大字：「神愛世人 基督永生」。以及一個小小的十字架。

這顯然是基督徒的作為。而且不會是老外，也不會是寫慣了繁體漢字的港臺人。

立此存照：贈給即將光臨西藏的耶誕節。

3. 希德廢墟

十年了。年年要去這片廢墟看看。一次比一次更加殘破，一次比一次更加無常。是的，就在這裏，面對著這龐大的廢墟，無常這個詞常常沖口而出：藏語的發音是「迷達罷」。

在西方人的畫冊上見過最早的樣貌，那時叫做「希德紮倉」。上個世紀四十年代，當過西藏攝政王的熱振仁波切就住在希德紮倉的後面，希德紮倉是他的寺院下屬的一個分寺。「希德」是和平的意思。

曾經一時，在這裏有極其盛大的宗教法舞——「羌姆」精彩紛呈。看似一場場樂舞，卻是一場場法事，所以必須由僧侶自始至終。威嚴的法樂、莊重的舞姿、燦爛絢麗的服裝、神秘莫測的面具，卻在日落時分散發著繁華散盡的悲哀，漸漸地從眾僧的心頭襲上眉頭，但他們並不察覺。

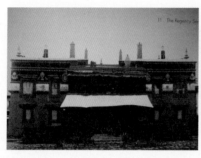

於是猶如人生一場大戲，當歷史轉折到了一個新的時代，據說那是西藏人獲得「解放」的新時代，希德紮倉落到了必須移風易俗的地步。舊人去，大屋空，而鳩占鵲巢的當然是遠道而來的革命者和剛剛「翻身」的群氓，其中有金珠瑪米、豫劇團的演員、紅衛兵、造反派和積極分子；甚至還成了武鬥中的據點，一陣槍林彈雨，一片腥風血雨，理所當然，希德紮倉也就成了革命的殉葬品。

立此存照：位於拉薩老城區西北角的希德紮倉，與另一座名為「策墨林」的寺院相鄰，是偉大的革命改變西藏的見證。

2004年－2006年，拉薩等地

坐火車回拉薩的流水帳

1月30日夜

要回拉薩了。我選擇的方式是坐火車。

這之前，在網上看到一個在上海讀書的年輕藏人，把火車票比喻爲「兩條伸向天空的梯子／消失在某個我看不見的石頭上／這頭是上海／拉薩在那頭／標價204元人民幣的學生票／突然間不大願意這麼輕易地回家……」

我沒有這麼複雜的心情，反而有點興奮，更像是在體驗生活。去年7月1日通車，在北京的我專門跑到西客站看個究竟，首發車當然沒票買的了，空蕩蕩的兩個窗口讓人想到的是人潮人湧。

雖然火車票的確比飛機票便宜三分之一，可時間也足夠長，整整四十八個小時。我還有個擔心，恰逢春運期間，火車上會不會有不少小偷？總不能背著雙肩包上廁所或者去洗漱吧。馬容在電話裏笑到不行，說那不是成了駱駝嗎？我也笑道，不，我要把背包抱在胸前，這樣我就成了袋鼠。

北京西客站可能是世界上最不人道的火車站。

不但沒有給殘疾人設置的路線，也不給提著重行李的旅客提供方便。而且路那麼長，彎來繞去，繞來彎去，一句話，怎麼能讓旅客不方便，這西客站就怎麼來。

幸虧有小紅帽送行李，給上十元、十五元，就可以跟著小紅帽從另一道門巡

自走到車廂,而不必跟一堆人往前擠。

終於看見開往拉薩的火車了。一條夠長的鐵龍。

一節節車廂。一扇扇窗戶。我邊走邊往裏面看。似乎看見了很多藏人。似乎沒看見幾個藏人。現如今,藏人和漢人和老外穿的都一樣,很難分辨得出。

13號是額外添加的兩節車廂。上車前,我特意問站在門口的列車員:這新添的車廂是舊的還是新的?列車員白了我一眼,從鼻子裏哼出兩個字:新的。呵呵,那就好,不然我就感受不到原汁原味的青藏鐵路上的火車了。

進了車廂,人特別多,都提著大包小包的行李,都說著南腔北調的方言,難道會有這麼多人在這個季節進藏?夏天坐火車進藏的旅遊狂潮讓人實在心悸。

一個我一看就知道是藏人的男孩子走過來。捲髮。濃眉大眼。膚色健康。脖子上掛著達賴喇嘛的像章。嘉瓦仁波切就在藏人男孩的心口向眾生微笑著。

終於安頓下來。

原來兩排上中下鋪六人,只有我一人是去拉薩,其他人都會在這列火車經過的西安、蘭州、西寧下車。

我聽見了我的身後有人說藏語。是康地方言,有著康地牧民的味兒。

廣播裏傳來了漢語、英語和藏語。接著是韓紅放歌讚美青藏鐵路。呵呵,看來擅長跟風的她就是青藏鐵路的形象大使啦。旁邊一個漢人也跟著一塊兒無限嚮往地唱:「那是一條神奇的天路,哎,帶我們走進人間天堂……」

21:30時分,鐵龍發出沉悶的聲響,向著目標──拉薩挺進了。

1月31日

兩人西安下。一人是憨厚的中學老師，想在暑假去拉薩旅遊。不時冒出一句：「拉薩海拔多少？」「拉薩夏季的氣溫多少？」「去拉薩的火車票價多少？」以前不常聽普通內地人說要去西藏，現在只要提到西藏，幾乎都會說——哦，現在有火車了，什麼時候要去西藏玩一玩。

要在西寧下的是一個臉色蒼白、鼻子上有雀斑的女孩。典型的漢族女孩：纖弱，一聲不吭，神情裏含著戒備。除了發簡訊，看一本女性生活的讀物，就是仿著圖樣，在一塊布上繡蝴蝶。快到西寧時，她聽跟我聊天的一對戀人說西藏，驚訝極了，插話說我不像藏人；還說她去過藏人的地方，青海湖，海東，覺得那裏的藏人沒有文化，而我看上去有文化。我很想笑，就問她是做什麼的，她說在讀研究生，學習旅遊規劃的。

那對年輕戀人的父母都是當年「建設大西北」時從內陸到西寧的漢人。男的在南昌學管理，之前是什麼警官學校的，說班上有兩個藏族男生，剛進校時特別淳樸，畢業時比誰都能罵髒話。他們從家裏帶來的照片上，天空那麼藍，雲朵那麼白，真想去看一看。現在他們都在公安上，去了拉薩的話，想去哪里玩都很方便。

西藏已成為時尚。西藏的時尚化最能體現在引領時尚的行業中。娛樂界有西藏風，一個據說叫周鵬的流行歌手，重新包裝隆重登場時，換了一個特別另類的名字橫空出世——薩頂頂。就像朱哲琴在國外歌壇上的一個特別西藏的名字——Da Da Wa。薩頂頂雙手比劃著西藏密宗的手印，用通俗唱法演唱多吉甚巴（金剛薩埵）的百字明咒，把古格壁畫上的諸佛菩薩印在胸前，五彩繽紛的裝扮和別具一格的聲調令人難忘。化妝界有西藏風，靳羽西最新推出的系列化妝品即是寫著藏文的「鬱彩聖境」，聲稱結合的是西藏靈感和國際流行趨勢。至於旅遊界就不說了。

成為時尙的西藏是會過時的。因為時尙總歸是曇花一現，遲早要過時。我倒希望西藏早日過時，不再紅得發紫，或許這樣才可能留得住一些應該保留的事物。否則陷入時尙的漩渦，西藏成為被消費、被娛樂、被裝飾的符號，失去的是自己的尊嚴。去年，北京的攝影界對西藏攝影到底怎樣拍有一個討論，一些眞誠的攝影者提出：當成千上萬的人攜帶拍攝器材湧入西藏時，應該保持一種「莊嚴的距離」，這才是對彼此的尊重。

我注意到，火車每每經過一個大站時，廣播裏都會響起韓紅唱的「天路」，聯想到飛往拉薩的飛機上總是會響起亞東唱的「神鷹」，這兩首歌曲裏的兩個很有意思的象徵——「巨龍」對應的是火車，「神鷹」對應的是飛機，一龍一鷹都奔著西藏而去，無疑標誌著現代化的長驅直入，不可抵擋。而那個駕馭者似乎是隱身的，其實居高臨下，獨權在握，皇恩浩蕩，於是「青稞酒酥油茶會更加香甜」，感激涕零的「藏家兒女」只會把「幸福的歌聲傳遍四方」了。

13號車廂只有六個藏人。除了我，那五個藏人是一家人。一個很年輕的女子帶著四個越來越年幼的孩子。年輕女子是姑姑。胸前掛著達賴喇嘛像章和念珠的少年是老大。然後是他的兩個弟弟和妹妹。這自然是我主動問出來的。

起先他們對我很意外的樣子，因為聽我說藏語，睜大了眼睛反問：「博巴（藏人）？」

他們都穿著北京的男孩女孩那樣時尙的衣裳，很合身，就跟穿藏袍一樣自在。他們很快就適應了這個小環境，睜著明亮的眼

睛，毫不設防地與他人搭話，大聲地說笑，輕鬆地走來走去，他們比誰都自然。讓我想起在雍和宮附近的素食餐館遇見的三個藏人：一個喇嘛，一個阿尼，一個小女孩。他們長得那麼相像，一問果然是兄妹三人，是我的德格老鄉。皮膚好極了，白裏透紅，那種白是透明的，那種紅也是透明的。眼睛很清澈，尤其是阿尼和小妹妹的眼睛，沒有一絲雜質，但說實話，年輕喇嘛的眼睛裏卻多了很多內容。旁邊有個胖胖的漢族女人在忙著點菜，看來是喇嘛的施主兼弟子吧。

五個小藏人都會說很多漢話，但是帶有東北口音，一著急就更重。問後方知去年三月，他們被家人送到瀋陽學習漢語和英語，主要學習漢語。這是因為他們的叔叔是位活佛，在瀋陽有很多漢人弟子。而這四個小藏人原本都在昌都牧場上當牧民，除了姑姑上過幾年學，都沒有進過學校。如今若是在拉薩重新上學，一是超齡，二是學費很高，而在瀋陽，一年一人600元，還可以得到活佛弟子的大力相助。看來成效還是可觀的，才學了十個月，基本上能夠跟漢人交談無問題了。

一個河南人老是跟他們東問西問：漢語和英語哪個好學，漢族的飯菜好吃不，等等。還說「達賴害怕共產黨就跑掉了」。結果四個藏人孩子纏著他爭論不休，讓他幾乎招架不住。

姑姑女孩告訴我硬座車廂的藏人多，我很想去看看，於是把幾個硬座車廂轉了個來回。憑長相和感覺大概地數了數，有的車廂三十多，有的車廂十幾個，全部加起來可能不到六十。基本上是學生，寒假回家；有幾個安多老人像是去拉薩朝佛的。軟臥車廂不允許去，但聽列車員說，裏面有幾個幹部模樣的藏人。

這位列車員被我像擠牙膏似的擠出了一些話，如一個月來回三趟，補助九百多，薪水兩千多。去拉薩的夏天人多，冬天人少，其實這青藏鐵路一直只賠不賺，反正國家也無所謂，賠得起。青藏鐵路沒多少經濟意義，主要在於政

治意義和軍事意義。當列車員很辛苦，西藏人當中的農牧民不講衛生，還不懂漢話。「哼，如今有幾個西藏人不懂漢話？裝得挺像的。」他頗為不滿的樣子。

2月1日

在格爾木停車之後
十三號車廂就空空蕩蕩了
剩下六個藏人、六個漢人
感覺像是自個兒的專列
窗外一片漆黑
從密封的邊沿透進絲絲清涼
這是青藏高原的寒冷
被現代化的鋼鐵擋在外面
列車員來問要不要吸氧
剛搖頭，又轉念想要體驗一下
於是把塑膠管插進供氧口
有縷縷氣流不時地撲鼻而入
這就能解決高山反應的症狀嗎
八點十分，天才濛濛亮
看見寬闊的大阪、連綿的山包
山上有雪，地上有冰，天空如洗
幾個孩子歡呼：「得昂著博格薩迦熱」
（這是我們西藏的土地）

剛坐過這趟火車的印度作家Pankij Mishra告訴我：「如果不考慮別的，單就這條鐵路經過的青藏高原，有著世界上最美的風景。」

遠景是昆侖山系，一些發紅的山體據說又稱火焰山，廣播裏一個勁兒地講孫悟空如何大戰妖精妖怪，保唐僧去西天取經的故事，這怎麼跟去新疆吐魯番的火焰山時聽說的一樣？倒讓我惋惜了，火車既然開到了這裏，何不講一些西藏的民間故事和傳說，以饗來自其他文化背景的旅客？對於中國人，孫悟空都老掉牙了。

廣播裏又說：「現在到了可哥西裏。」還說會看見成群結隊的藏羚羊在清澈的湖邊飲水。這顯然是誤導。放在夏天來描述或許尚可，此時嚴冬季節，只有結成厚冰的水面和無比僵硬的凍土，哪來清澈的水？即使夏天，還會有成群結隊的藏羚羊嗎？年年都有偷獵者，而今又來了奔馳的鐵龍，牠們的世界早已失去了寧靜和安全。

一邊是鐵路，一邊是公路，這之間是並不寬敞的草甸。鐵路上，火車在跑；公路上，汽車在跑；草甸上，有三四隻體態細長的動物呆呆地張望著。幾個小藏人貼在窗前，爭論著那到底是「科瓦」（藏羚羊）還是「崩古」（野毛驢）。我想起許多關於青藏鐵路的報導都要提到火車經過時看見了藏羚羊或野毛驢，似乎是只要看見了它們，就足以證明修建青藏鐵路並未破壞自然界的生態物種。可是，是這樣嗎？會這樣嗎？

在快到唐古喇山口時，窗外的公路上突然出現了一個騎著摩托向前飛馳的人。遠遠地，就看見他戴著皮帽子，穿著厚厚的羊皮襖。牧民？我覺得是牧民。羌塘草原上的牧民。火車很快追上了他，也很快超過了他。接著，火車追上了一群在冰塊凝結的草甸上吃草的犛牛，也很快把犛牛拋下老遠。接著，火車追上了又一輛飛馳的摩托車，在午後的陽光下，那摩托車反射著刺眼的亮光，三個穿羊皮襖的男人緊緊地擠在一起。當然還是很快，火車也超過了這輛三人摩托車。

公路上還出現了一輛輛卡車，那種超大型號的卡車與火車相向而來。是開礦的卡車嗎？據報導，青藏鐵路沿線已經發現了異常豐富的礦產資源，大批採礦業者、跑單幫的「淘金客」已鎖定青藏線兩側二百公里範圍進行地質探勘，目前四千公尺以下礦源全遭圈地完畢。

聽說一個真實的故事，藏北羌塘的一座有名的神山被測出有礦，內地的一個很大的礦產公司企圖開採，但總是遭到當地百姓的反對和驅逐。礦老闆於是與某位靠罵達賴喇嘛起家、而今已爬上相當高位的活佛合作，得了好處的活佛便來到當地召集百姓，宣佈他已經專門修法，將居住在神山中的山神搬遷到附近的另一座山上，因此，原先的那座神山從此再也不是神山了，百姓們若要進行佛事活動就去如今新的那座神山。話畢，一位老人站起來說道，朱古（活佛），如果你通過修法就可以遷移山神的話，那麼就請你把阿裏崗仁布欽神山的山神遷移到我們家鄉來吧，這樣也就省得我們這裏的人年年都要跋山涉水地去轉崗仁布欽了。結果把活佛弄得很尷尬。

這火車越來越像一列悶罐車。太封閉了，只有廁所裏才可以打開窗戶，呼吸到外面的新鮮空氣。封閉的火車是一個封閉的世界，有著只有這個世界裏的氣味：腳臭味兒、屁味兒、泡速食麵的味兒等等，久而久之，令人難受。封閉的火車又像是一個虛構的世界。而外面的世界是寧靜的，聽不見風雪聲，聽不見人和動物的聲音，什麼都聽不見，除了車廂內鋪位旁邊的供氧口傳輸氧氣的呼呼聲，感覺是一個不真實的小世界運載著我們向拉薩而去。

那幾個小藏人在跟一個漢人興高采烈地打撲克。紛紛說著東北口音的漢語，讓我感覺怪誕。那個漢人是湖北人，三十多歲，帶著他的兩個兒女去拉薩。我跟他聊過，他說他已經在拉薩七八年了，在老城區沖賽康的對面開的有小商店，專門買賣文體用品。還說他自己和全家人已經完全適應了拉薩，反而不適應自己的湖北老家了。看來再過幾年，就像在新疆的漢人自稱是新疆人，他的兒女也可以自稱是西藏人了。

9：00，火車終於抵達終點——燈火輝煌的拉薩火車站。奇怪的是，其實原本早就可以到達的，但是就不允許早進站，非得在火車站外更遠的地方等候著，直到9點時分才能進站。這是為什麼呢？廣播裏在說：「青藏鐵路圓了中國人民的百年夢想……是炎黃子孫的驕傲。」我想說，我總算是坐了一回開往拉薩的火車，卻不是圓夢。

2007年2月7日，拉薩

衆人的各自之夢

・
・
●
・
・
・
・

契裏柯的畫與帕廓拐角的身影

以前我不知道契裏柯。其實契裏柯是誰對我重要嗎？在我從未見過那幅畫之前，他是不重要的，因為即使不知道他，我也一直安之若素地成長到了重返拉薩的時候。這時候我二十四歲。這時候，我才著迷于藏人口中的「帕廓」和祖拉康。帕廓與祖拉康是不能分開的。我正是在轉帕廓的過程中命定地走入了祖拉康。帕廓是一條不規則的圓形街道。祖拉康則是一座古老的寺院。恰恰在拉薩人的思維中，包括了帕廓和祖拉康的這片並不廣大的區域，才是傳統意義上的拉薩。

所以在遇見那幅畫時，我已經在內心建立了對拉薩的基本認識。結果那一瞬間，我如雷轟頂，銘心刻骨。那幅不知繪於何時的畫果然透露了某個只可意會的秘密嗎？它居然命名為「街道的神秘與哀愁」，而如此直露的名字不是我的偏愛。為何要說破呢？那十多個幽深的拱廊，那一半掩入陰影中的龐大建築和四輪木車，之間恰好是一條金黃色的街道，像是被黃昏的光線照耀著，卻奇異地，除了一個滾鐵環的少女飛跑著（長長的頭髮和揚起來的裙擺是她飛跑的證據），以及街道的另一端倒映在地面的一個巨碩身影和另一個細細的影子（沒有掛旗的旗杆？），再無一樣多餘之物。太靜了，太靜了，太靜了，竟然令人不安起來。

可是那幅畫與拉薩又有什麼關係呢？那亦是一個下午，我原本輕鬆地走在帕廓街上，信手翻看著古玩攤上鏽跡斑駁、真假難辨卻別具一格的器皿，往身上比試著曳地的藏式綢緞長裙或尼泊爾棉布小背心，忽然，一陣異常兇猛的大風裏脅著遮天蔽日的灰塵，猶如一個張牙舞爪的魔鬼尖嘯著一掠而過，頃

刻間，先前熙熙攘攘的鬧市如鳥獸散，一下子只剩下三五個手忙腳亂地收拾東西的人了，一串斷了線的紅珊瑚念珠散落一地，但誰也顧不得將之拾起。我怔怔地站著，攤開著空空如也的雙手，心底裏湧起莫大的幻滅。這時候，我無意瞥見一個模樣瘦小的女人正匆匆地從不遠處一幢絳紅色的房子前閃過，一身長途跋涉的朝聖者的裝束分明，更醒目的是那一個在她的手中飛快地轉動著的碩大的、銀光燦燦的嘛尼輪！嘛尼輪由左至右，旋轉得是那般地快，似乎要脫離她的掌握，又似乎要攜帶著她奔向某個不可言喻的美好之所在。我頓時平靜下來，注視她遠去的背影如同注視自己的親人，注視那幢絳紅色的房子如同注視自己的家。

多年後，我才在一篇文章中記錄了那個朝聖者的身影，而且文學化地披露了我的心事。還寫了第一次去北京時，在另一個有著悠久名聲的老街——琉璃廠的際遇。請容我復述，就像是老調再彈：

寒冬的風一陣陣地穿過闃無人跡
的街道和兩旁錯落有致的仿古建
築，卻無聲無息，不著痕跡，甚
至見不到一片被卷走的落葉或紙
屑。似乎只有我，是的，只有我
是這刺骨的風中，這宛如剛剛搭
起來的舞臺佈景前唯一的正在活
動的生命。我因而在那些間羅列
著各種陳舊什物（發黃的字畫、
黯淡的銀飾、破碎的綾羅綢緞以
及鼻煙壺、瓷器、紅木傢俱等
等）的小屋裏躊躇、遲疑，對長

相亦如出土文物的店主那濃重、滑溜的捲舌音置若罔聞，更對剛剛套在手腕上的一隻鏤空的紅木手鐲那難以想像的重量十分費解。我夢幻般地看見，許多逝去的時光正在這樣的空間裏奇異地疊現著，交錯著，其中穿梭著一個若有若無的影子，這影子恍若人形，卻分明蘊積著一種令人生畏的力量，很難說清是神力抑或魔力，也不清楚這是剛剛離去的背影，還是即將到來的投影，而我倒像是一個與這影子有著一份秘不可宣的特殊關係的小動物。我不由得趕緊低頭尋找裝有一尊小小的白度母佛像、一粒潔白而圓潤的舍利子和一位仁波切賜予數粒「秦婁」（法藥）的「嘎烏」（護身盒），還好，它被一根受過加持的「松旺」（金剛結）繫著，仍然緊貼著我的胸口，在具有鮮明的西藏風格的外套下，默默地庇護著身處異地的人兒。

但即使這樣，很長很長的時間裏，我依然不知契裏柯何許人也，常常還會想不起他的名字，忘不了的只有那幅畫，似乎已經足夠，似乎秘密在握。

2006年6月14日，北京

這些西藏的繪畫，這些今天的含義

之一：更敦群培畫廊

「我無法理解今天的含義」，這是俄羅斯詩人曼德爾施塔姆譯成中文的詩句。不知何故，最初，在一個烈日燃燒的下午，在帕廓北街與東街的交會處，那個與經幡纏繞的甘丹塔欽咫尺相隔的畫廊，不同於拉薩眾多的商業畫廊的標誌似乎是它的名字：更敦群培（西藏近代偉大的人文主義者，也是一位佛門奇僧）。被吸引的我因此走入驀然清涼許多的石頭房子裏，見粗糙的白牆上掛著一幅幅布畫，有些畫令我格外心動，而心動的原因，似乎就是曼德爾施塔姆的這句詩：「我無法理解今天的含義」，似乎正是這些畫傳達給我的感受，不知何故。

那個下午，直至盤旋許久離開之時，才瞥見一個很像是帕廓一帶的女子披著濕漉漉的長髮匆匆進屋，顯然是畫廊的工作人員，竟再也不見他人，這倒也使得我悄悄拍了幾張我喜愛的畫，抱歉，我知道這是不允許的。

後來在網上看到「更敦群培畫廊」（http://www.asianart.com/exhibitions/gend-un/），真是開心。這下我可以很從容地徜徉在網路畫廊裏，挑選我偏愛的畫，下載，放在特設的文件夾裏，甚至可以放在我的部落格上，變成我的「公告」，呵呵，在畫家不知悉的情況下如此擅自，還望多多原諒。

網友密如仔這麼評說過這些畫：「每到拉薩，我最喜歡去的地方就是更敦群培藝術家工作室。穿過帕廓街密集的商攤，走進這個由幾個年輕藏族畫家自籌自辦的畫廊時，拉薩給予我的那種沉溺墮落的感覺，一下子融化在這些充

滿生命的繪畫裏……再過幾十年、幾百年之後，當人們想瞭解這個古城的這段坎坷歲月時，他們一定能從這些藏族畫家的作品中會感受到我們的喜和悲，我們的渴求和挫折。」

朋友susan看到我的部落格裏的「公告」變成了一個騎自行車的藏女（她的身後是一架笨拙的飛機闖入雲端，還是一條肥碩的白魚在天上飛啊飛？嘿嘿，穿著長裙的她，竟然騎的是男式的自行車！讓我想起前幾年，那些被叫做「阿西」的康地女子，渾身掛滿向遊客兜售的鮮艷首飾，就騎著這樣的男式、老式自行車，勇猛地飛馳在拉薩的大街上！如今似乎很少見到了——念紮畫出了我的記憶），給我發來電子郵件說：「除了JOKHANG（大昭寺），畫廊是我在拉薩的第二個家呢。去時，有時和看家的畫家聊天，有時他們看影碟

（特別是念紮和宗德，總是迷得不得了），我看畫。更多時就一人坐在群畫之間，讓我所有的一點點圖博特歷史知識在心上反復。」說到一群藏人圍坐著看電視的那張畫，她說「還有一張色調更暗，觀眾表情更專注的」，是「同一主題，同一構圖」，但「去年夏天再去，那張畫已經不在畫廊了。據念紮自己說，畫已經被美國的一家畫廊永久典藏了。為他高興！我自己特別珍愛念紮作品中人物臉部喜悅的表情——不管他／她們在看電視或騎單車。畫面中的那一刻，似乎傳達了畫家對背負各式意識形態重擔的當代藏族無限同情。」

而我呢？是不是還會繼續重複曼德爾施塔姆的詩句呢？當然。當然。

之二：念紮的畫

念紮是拉薩人。遠遠的，看著他走來時，他的年輕和他的痼疾令人心軟。

念紮畫的人物，以前一眼看得出是藏人，現在不太看得出是藏人。看來他是故意地，故意不想讓自己畫的人，那麼容易被看出是藏人。所以他開始畫墜落的女子，畫墜落中還在吹氣球（那氣球太鮮豔了）的女子，在似乎緩慢的墜落中面帶微笑或者十分安詳；但已經沒有了過去的畫中，那些一眼就能分辨的西藏符號：藏式的服裝，藏式的髮型，藏式的首飾，甚至普通藏人的吐舌習俗（哪怕他畫的吐舌帶有戲謔的意味）。看來念紮要抹掉那些西藏的符號，他不需要，因為他本身就是。但在他的畫裏，我再一次看見了「靈魂碎片的飛揚」，這於我心有戚戚。

有意思的是，即使如今他在畫這些似乎模糊了外在身份的人物時，在我的眼中，他的畫還是把他變成了一個在對今天的西藏發聲的畫家。無論是穿上藏裝也罷，不穿上藏裝也罷，畫中人是這樣地與多衛康中的任何一個相象無比，不禁令我在他的畫前久久駐留。需要補充：這種相象並不是外表的相

象。比如就我自己而言，我長成了這樣，我穿成了這樣，我一開口就把漢話說成了這樣，把我錯認成漢人乃是常有的事情，然而，我是嗎？我是嗎？呵呵，你說得對，我當然不是。跟你一樣，我們都是藏人，這個惟一的身份藏在我們的心裏。而我這麼說，並不意味著宣佈我是一個民族主義者，我只是在確認我自己的身份，如此而已。

把自己的畫掛在帕廓某個拐角處，把自己這個人安頓在策墨林某個院落裏……我熱切地想看他的畫，或許只是因爲他的畫讓我感受到畫中人一樣的迷茫，而在此時，我又多了一層發現——是的，我發現了畫中人的某種缺失，某種挫敗，跟我一樣，跟我們一樣。當然也有個人的趣味，比如他的畫會在

念慈的畫室。

不經意間再現日常生活的細節，就像那個騎自行車的康女子，露出的褲管竟然是鑲邊的紅色運動褲，還有一雙回力球鞋！我的確迷戀這樣的細節。但這樣的細節，似乎出現在他比較早期的畫中，而今，他最多會把從高空中下墜的女子，在看似很愜意的緩慢下墜時，這片作為遼闊背景的大地，嗯，怎麼類比呢？就像是飛機在不慌不忙地掠過青藏高原的上空時，幾乎鼻子貼近舷窗往下俯視，恰恰正是念粲畫中的群山在連綿起伏，間雜著星星點點乃至幾乎隱而不見的西藏房屋。

當另外一些人，非要借助西藏（比如有個曾經在西藏多年的漢人畫家，最近的行為藝術作品是：把@這個符號塗在西藏的嘛尼石上和經幡上）或者把某個場景西藏化，把某個人物更加地西藏化……這個畫畫的人，念粲，他在放棄，在減少，猶如回到家中跟家人在一起，用不著刻意和修飾。

之三：我和Ｓｕｓａｎ的通信

Susan20060815

你提到的念粲的去符號化的近作，一下子讓我很興奮，主要是因為我立刻想到他的繪畫啟蒙老師，也是「更敦群培畫廊」成員的次旺粲西啦的人像畫系列。

他的人像畫的模特兒其實都是他藏大的學生。他把給他們拍的最平常不過的室外特寫輸入電腦去實驗不同的視覺效果，再用他自己的油畫技法去畫出他在屏幕上看見的但是印表機印不出來的成品。而這一切技巧上的重組的背後，是他最常講的如何不讓西藏變成了一個名牌，大家你掛我也掛了到處走來晃去。他認為過度形式化只會更加模糊了真正瞭解西藏的焦點，

庸俗（商業）化的符號西藏可以變成對藏族創造力的另一層限制。有趣的是，2004的夏天好幾次我們在畫廊裏聊起這個題目，他總是會提起他如何希望念紮會慢慢減省他畫裏裝飾性的元素。愛之深，責之切吧。現在經你這麼一報導，看來念紮是把他的老師的話聽進心理了。

又有一次，我問起次旺啦如何對比他自己肖像系列與羅念中早年的照相寫實。一聊之下，我才瞭解畫家以藏族為本卻又極力去西藏化的作品其實也是對當下這個國家裏畫家也好，其他方方面面專業人士各式各樣的矯揉造作的寧靜批判。從這一點上看，次旺啦去枝節的畫風和你有話要說的文風其實很有幾分神似呢。而我，做為一個上一輩子的藏族，也只能安靜的、儘量誠實的、記錄這正在悄然誕生的一場民族的文藝復興。

2007年5月26日，在北京舉辦了「更敦群培畫廊」七位藏人畫家的畫展，名為「發生發聲」。

唯色20060816

正在下載。想必是次旺紮西的畫。記得採訪中，念紮談起過這位老師，其實我2004年見過。但未多談。

不過我對念紮的近畫或者說對次旺紮西的觀點還是存有意見。有意地去符號化是否又是一種刻意呢？符號化並不就是錯，只要是自然而然，該有就有，不該有就不該有，如果刻意也是造作。

當然有西藏的標籤很容易，沒有反而不容易，但硬要沒有，同樣表現的是某種自我意識。

我不知道我說清楚沒有？因為其實在這個問題上，我仍然有很多困惑。

Susan 20060816

我想我理解的是，畫家有感于至少某一類符號化的西藏只會把西藏的真或實況隔離的與一個有意義的認知世界越來越不相干，所以他是有意識的唱了一段主旋律之外的反調。當然，這樣的理解決不能以偏概全。你剛傳來的念紮的畫裡似乎有很多別的意思，不全然是他老師那一種簡約。

我想用不用去不去符號？誰用誰去？為什麼一時一地用？為什麼一時一地去？為什麼符號在一時一地特別讓人困惑？刻意或無意？刻的是什麼意？為什麼刻意？無意有是個什麼樣的境界？如果人跟符號的關係有這麼多的方方面面，去瞭解記錄這些關係不也是瞭解記錄某一個圖像的歷史嗎？除此而外，我也不知道自己還能做點什麼了。

2005年－2006年，北京

並未遠離，並未天人永隔
—— 寫給加央和彩雲

猶如電影重頭播放。我們坐在車上的車上，三個小時前見過的風景又逐一閃過。小雨還在下著。但天已經黑了，生米也已經煮成熟飯了，所以差點把我們帶出這座青山的車，只差一點，就把我們帶往陡峭斜坡下的濁流之中，甚而至於，帶往比濁流還要濁流的中陰之旅也說不定。所以被橋邊的水泥墩子撞壞了大燈、水箱、風扇、刹車的車，只能被一根粗粗的鋼繩倒拖著，停放在姍姍來遲的清障車上。所以我們高高地坐在車上的車上，眼見著先前見過的景致重新回放。

我不想說更多的細節，那太囉嗦了。反正是在瞬間發生的，一點兒鋪墊也沒有，我來不及害怕就下意識地脫口而出：「嗡嘛呢叭咪吽」。在司機手中亂轉的車突然停住，紊亂的思緒中預期的下場並未降臨，這是我平生第一回在路上遇到的最大驚險，萬幸的是有驚無險。我全身發抖，跳下車，望著尖銳的亂石和無聲奔流的河水，來不及害怕，兀自感激在這千鈞一髮之際施予援手的堅熱斯（觀世音菩薩）。三人中，只有我一人這麼堅信不疑。

應該是下弦月升起的時候了，但是綿綿細雨中，大片翠綠當中點綴著幾點蒼黃的山脈簡直就像一頭渾身發黑的沈默之獸，隱藏著無窮的威力，這是大自然與命運聯手製造的威力，令人覺得自身的全然無助，只能聽天由命。只能一聲禱告。說實話，我驚魂未定。

我想起了加央。其實我最近常常想起他和他的妻子，因為這個月的30日是加央的周年祭日，再過四個多月，是彩雲的周年祭日。我很想寫點兒什麼。我必須寫點兒什麼，必須重新再現與他倆有關的記憶，而不能再像這一年裡的

許多次，我從來不敢稍微多地回顧那些過去，因為我會很難過。我實在不想再哭了。我不想面對從此再也見不到他倆的事實，所以我還在手機上保留著加央的電話號碼，我不肯刪去，我怕刪去的是與他倆相關的記憶，那太殘酷了。就像前幾天在崇文門的大街上，饑腸轆轆的我走進一個飯館，猛然醒覺這正是一年零四個月前，我和加央、彩雲來過的飯館。當時我們吃的是什麼呢？我端著一盤義大利肉醬麵在我們坐過的桌前坐下，深感自己做了一件多麼愚蠢的事，突然復甦的記憶並非能夠再現當時，談笑晏晏的三個人，在短短的日子內只剩下其中一人，不可不謂無常啊！

我繼續回想與加央初次見面的情景，卻很模糊，只記得那是1991年，我們一起參加在桂林山水間舉辦的筆會，來自藏北那曲的他很像一個剛剛脫下羊皮襖的牧民，細長的雙眼含著溫順的笑意，夾雜在有著所謂現代氣質的作家詩人之中，真的很容易被忽略。而我呢，那時候的我恰恰著迷的是看上去很藝術化的眩目外表，只有在多年以後，才會明白什麼是真正的可貴。所以當時，我們之間並沒有交談過幾句。但認識彩雲的時候，我已和加央成為很好的朋友。我欣喜地看見這個書卷氣的昌都女子走進加央的生活，內心裏為這兩個人的愛情而感動，要知道，這時候加央的病幾乎是絕症了，但似乎還有希望，所以這兩個人就抓著這一線希望相愛著。性情溫和、行動輕緩的彩雲有著難以想像的勇氣，只有我們這些加央和彩雲的朋友們才知道，她給了加央多大的精神支撐！我們都在祝福愛情的力量可以戰勝病魔，這聽上去是一句再平常不過的老話，卻是發自肺腑，似乎也惟其如此了。

這時候，加央已經在寫《西藏最後的馱隊》。對於一個從小在草原放牧直至少年才學習漢語的他來說，要用非母語的語言來表達他熟悉、他瞭解、他經歷的生活，其中的難度之大，也只有他自己能夠體味箇中滋味。當這部十多萬字的書，幾易其稿，終於在2004年春天出版時，不少報導盛讚他歷時八年記錄西藏牧區正在消失的馱鹽文化，事實上，哪里只是八年的光陰啊？！記得那天，滿懷喜悅的加央把印製得十分美麗的《西藏最後的馱隊》送給我的時

候，說眞的，我心裏掠過的是一個不祥的預感，我擔憂這部讓他嘔心瀝血的書恰是他的遺著，我甚至想過，或許加央從一個牧民變成一個作家，就是爲了寫這部書。

但我已經習慣了在加央面前不是嘻嘻哈哈，就是絮絮叨叨。我們互相以同志相稱，有時候還稱對方是「次魯」或者「心尖的肥肉」，彩雲則在一旁微笑著，像是縱容著兩個不願長大的孩子。經常是我沒完沒了地說，一邊喝著從那曲帶來的釅釅的酸奶，吃著從那曲捎來的長長的乳酪，一邊講著我剛讀的書，聽來的坊間消息，從網上看到的關於西藏的新聞，加央不時地插嘴評說幾句，更多的時候寬厚地笑著。當我寫的《西藏筆記》給我帶來麻煩，最早通知我的是彩雲，接著是加央的一封封Email飛抵我的郵箱，盡可能地轉告我箇中內情。沒有誰比他倆默默地助我更多，而我呢？無論見面時，還是電話中，我們很少談他的病情，其實我是不知如何說起，看到他的臉色好轉就欣慰，看到他的臉色不好就悄悄歎息，這因果輪回究竟是怎麼一回事呢？爲何現世中這麼好的人，卻要受這樣的苦？

去年北京酷熱的夏天，加央在同仁醫院做了手術。說好我陪彩雲在手術室外等候，可是我去遲了，讓彩雲一個人心如刀絞地等了許久。眼看她一臉憔悴，我很內疚，但還不知她竟然也身患絕症。幾天後，季丹打來電話，透露彩雲的病情，我和她都泣不成聲，從未見過世上還有這麼不幸的一對愛人，怎會是這樣一種安排呢？隔日我又去同仁醫院，卻只能強顏歡笑。加央的床頭上供放著達賴喇嘛和噶瑪巴仁波切的照片。他一反常態，滔滔不絕地說起這些天只要睡著就會見到的夢境。他告訴我，那肯定就是六道輪回裏的地獄，漆黑的長路，那麼多的大鬼小鬼用鐵鏈拖著他，鐵鏈上像是有鉤，撕扯著他的前胸後背，疼得不行。一疼就醒過來了，可一會兒睡著了，又繼續夢見那些大鬼小鬼撲過來。他還告訴我，有幾次他夢見他和馬麗華（一位寫西藏題材的漢族女作家）在辯論，馬麗華說，藏族人世世代代抓住宗教這根繩索不鬆手，卻不知繩索的那一頭空空蕩蕩，而他反駁道，絕不是什麼空空蕩

蕩，繩索那端的世界就是來世。他神情熱切地對我說，這場辯論太精彩了，我醒來後還記得其中的每句話，等病好了，我要把這些對話全都記下來，我已經有充足的理由可以辯倒馬大姐了。唉，加央那激動的樣子，至今還清晰地留在我的腦海裏。

接著是去年八月，加央和彩雲回到拉薩，我接到電話就去了他倆新建不到三年的家裏。院子裏鮮花盛開，屋子裏陽光普照，桌子上還是那曲的酸奶和乳酪，就像是原先的生活仍然在繼續，什麼肝硬化，什麼尿毒症，什麼自動離職抑或開除公職，這些全都沒有發生過，加央的彩雲的我的生活，還跟幾年前一樣，在繼續。加央的氣色不錯，彩雲也顯得很好看，我高興地得知，《西藏最後的馱隊》簽了在海外出版的協議。之後，是9月30日，打算離開拉薩的我去跟他倆告別，還跟往常一樣，我絮絮叨叨，加央和彩雲聽著，雖然很爲我擔心，但似乎還跟往常一樣，所以，所以，雖然一個月後，雖然五個月後，他倆都一前一後地走上了輪回之路，可在我的記憶裏，他倆並未離開，並未天人永隔。

所以，唉，我還想和以前一樣，坐在他倆灑滿拉薩陽光的屋子裏，說說我這回遇到的有驚無險的車禍……

2005年10月25日深夜，在雲南旅店匆匆寫就

平安夜：愛或不愛西藏的理由

爲了看看拉薩的聖誕氣象，我穿過朵森格路，拐到策墨林路，一直走到八廊學。確實，商場和一些賣旅遊商品的小店、一些在旅遊手冊上出現或夢想出現的餐館和旅社，那櫥窗、窗戶和門扇上，出現了紅撲撲、胖乎乎的聖誕老人的笑臉，出現了提前降落到拉薩的一朵朵雪絨花。但是一群群出現在拉薩老城的各地藏人，雖然穿著花團錦簇的長袍、戴著色彩繽紛的飾物，似乎給洋節日增添了幾許氣氛，我知道其實是與此無關的。其實也不用我多說，誰都知道每逢冬季，會有許許多多的鄉下農戶、邊遠牧人，風塵僕僕地趕到他們心中的聖地來朝佛，我會在後天晚上的帕廓街上看見他們，因爲「甘丹安曲」的無數盞酥油燈將照亮他們喜悅的臉。當然我也知道今晚有許多歌廳、酒吧將彙聚拉薩和內地的許多時尚青年，頭戴尖尖的紅帽子，彼此祝福聖誕快樂。聽說也有帶著傳教使命的外國人，領著已被感化的年輕藏人，度過這個具有基督教意義的夜晚。

這是平安夜。我來到念酒吧。從北京駕著吉普回到拉薩的王嘯，昨晚打電話邀我。開了兩年多的酒吧跟它的名字一樣簡單而別致，黃顏色的牆上比去年夏天又貼了許多彩色的黑白的照片，甘孜地圖已經發黃了。還多了一個漂亮女孩，頭髮上繫

著像藏獒脖子上的紅羊毛項圈一樣的髮結，後來得知這個重慶女孩已經在拉薩待了大半年。王嘯的音樂是好聽的，不但他自己寫的歌兒比較動聽，他收藏的別人的音樂更令人激動。我再次聽到了蒙古的呼麥、維吾爾的獨塔爾、南非的吟唱。但王嘯這次隆重推薦的是拉薩街頭的彈唱。他說是他的一個做音樂的朋友，專門在拉薩街頭跟著那些賣唱的流浪藝人錄製的，有一對來自日喀則鄉下的父子，父親彈六弦琴，兒子用天然的童聲唱，那歌聲！我如果要對此形容或美化的話，似乎顯得矯情，因為這樣的歌聲其實常常會在轉經路上、街邊飯館甚至我家門口聽到，我不用見這對父子就能想像得出他們衣衫襤褸的模樣，小孩子可能還不時擦著清鼻涕。王嘯只能用不斷的語氣詞表示讚歎。還說他的朋友將錄製後的歌聲稍加混音之後，灌成唱片，在美國賣二十多美元一張，賣了兩千張。哈，這可賺了不少，可那些原唱者呢，大概也就「恰阿姆」（甜茶）喝了個飽。

吃了王嘯用格爾木的羊肉做的新疆抓飯，實在美味。一起分享的還有王嘯的弟弟和一個來過拉薩兩次的西安小夥。慢慢地，天色黑了，窗外的路燈照亮飄拂著鑲布的八廊學旅館，一輛輛計程車飛馳而過。對了，王嘯的念酒吧沒有聖誕老人的白鬍子。顯得昏暗的黃色燈光使得兌有果汁的伏特加端上了鋪著羊毛織物的木桌。慢慢的，人多起來了，都是一眼就能看出的內地遊客。不，說他們是遊客他們肯定不樂意，只有那些跟著導遊手中的小旗幟轉的人才叫遊客，他們豈能與之相提並論？那麼，說他們是背包客？還是網上稱呼的「驢」？可是在這些人當中，我聽說有好多個都是年年來拉薩或者已經住了很久，有一個相貌很平凡的男子乾脆在一家公司上班了。那麼，說他們是「藏漂」吧，這也是從網上看見的對這些西藏發燒友的稱呼。可是王嘯不樂意了。他激烈地反對，堅決要把自己放在什麼什麼「漂」之外，他認為所謂的「漂」指的是沒有生活的方向，而他自己是為了找到生活的地方才來到拉薩，所以他在拉薩並不「漂」，恰恰是「漂」的相反。

三三兩兩坐在一塊兒的男男女女都很年輕，說著北方口音或南方口音的普通

話，穿著專業的戶外服裝或者西藏風格的外套，披掛著西藏飾物、念珠和MP3之類的設備，有的帶著筆記本電腦。更有意思的是，好幾個女孩還抱著小狗，說是在拉薩買的，有一隻圓滾滾的小黑狗名叫「敏杜」（沒有），它的嬌滴滴的女主人老是嬌滴滴地叫著「敏杜、敏杜」。王嘯的女友說，那我們才買的貓咪叫什麼呢？西安小夥說，叫「咕唧」（表示哀求）吧。念酒吧的老鼠太多了。王嘯忿忿地說，居然咬壞了他的價值兩萬元的音響，實在可恨，所以特意去太陽島的寵物市場買回一隻貓。而這只長得像小豹的貓果然不負主人之望，就在我們議論它的時候，聽見了老鼠的慘叫。

資深「藏漂」王嘯本開音樂酒吧，但最近聽說他自稱是一苯教活佛的轉世，這似乎是而今「藏漂」們常有的幻覺。

我很想瞭解他們對西藏的感受，於是我聽到了在我意料之中或者出乎我意料的各種感慨。

西安小夥說，我第一次來西藏時，用二十多天在西藏的北部旅行，走了……（他念了一堆地名）；第二次在拉薩待了一周；這次可能待半年，也可能待一兩個月，我已經把工作辭了。你問我爲什麼喜歡西藏？不光是因爲西藏的山水，還有西藏的人。那天我試穿一件藏式的羊皮襖，結果那皮襖上的毛粘在我的抓絨衣上，賣皮襖的阿佳就往自己的手心上吐口水，幫我捋衣服上的羊毛，我特別感動，她的動作很自然，根本不是出於推銷她的皮襖，這在內地哪能看到？西藏人還是保存著很多美好的人性。

山東青年是頭一回到拉薩，他說我很失望，沒來西藏之前，從影視上看見西藏的風景那麼美，看見西藏人都信佛好像很善良，可是我今天從布達拉宮下來，幾個藏民圍上來讓我買首飾，硬是塞到我的手裏和口袋裏，我不想買因爲挺貴的，有一個藏民就給了我胸口一拳，簡直把我氣壞了，也飛起一腳踢了他，結果那些藏民全要打我的樣子，幸虧我抓了兩個石頭才跑掉了，沒想到藏民這麼壞，我眞的太失望了。

有一個搞攝影的男子倒是很乾脆地對我說，你想知道這些人爲什麼一次次地來西藏？他們全都是因爲回不去了。很多人第一次來過西藏就會再來，這就跟中了毒一樣。反而回到自己的家裏彆扭，即使是親生老子，看著也覺得俗，覺得內地只是做事的地方，但不是做人的地方，只好又來西藏。可是西藏呢？你待久了才會發現，西藏其實是個虛頭把腦的地方，既做不了事，也做不了人，但你已經中毒了，你回不去了，只好在西藏混日子。所以在西藏有這麼三種人最多：失意的人，失戀的人，失業的人，全都是失敗的人。

西安小夥不同意，他滔滔不絕地說了很多，可是有一個戴尼泊爾毛線帽的北京小夥彈著王嘯的吉他在唱歌，把他的聲音蓋下去了。我只聽清他複述的一句話，據說是十八世紀的一位神父還是哲學家所說的——「我們所畢生追求

的，正是他們與生俱來的。」王嘯起身，重又放那張流浪藝人在拉薩街頭彈唱的唱片，激動地說，是啊，我畢生追求的，正是他們與生俱來的，聽聽，沒有任何障礙，沒有障礙，我就想過一種沒有障礙的生活！

這時，圍坐在另外幾張桌上的男孩女孩嘻嘻哈哈地跑出門外，嘻嘻哈哈地燃放起煙花鞭炮。驀然間，一朵朵好看的煙花怒放著，渲染著平安夜的氣氛，而八廊學旅館的一扇扇飄拂著鑲布的藏式窗戶在明明滅滅之間，怎麼讓我感覺那麼地酷似舞臺佈景？這是在哪里？拉薩嗎？我想起了前些時日去過的麗江，想起了在麗江的一個酒吧見到的人們，他們都是異鄉人，他們都是回不去的異鄉人，他們都是與麗江本身毫無關係的異鄉人。是的，如果此時有那些朝佛的藏人，從原本靜悄悄的拉薩街上經過，突然看見怒放的煙花中閃現的念酒吧，會不會覺得是兩個世界？而我，似乎在這時才想起，再過一夜，就是西藏的「燃燈節」──「甘丹安曲」，那是屬於藏人的。

2005年12月24日，拉薩

在過去的影子下

最後的貴族

—— 謹以此文贈與霍康．強巴旦達先生

不止一次了，但都是正午時分，在被穿透力極強的高原陽光形成的時光隧道中，老拉薩的面貌隨著一個人的回憶漸漸地在虛無中復原。

我多次跟隨他走向帕廓。他外表上的遲緩和他內在裏的善良一眼即可察覺，讓我暗暗感動。今天，很多時候他只是一個名叫強巴旦達的藏人，他的另一個身份是退休幹部，所以他的穿著既大眾化又不同于一般百姓。他住在色拉路上一座頗為寬敞的院落裏，屬於1980年代漢藏結合的建築式樣，在今日遍及拉薩的那些用時興材料構造的小區群落中顯得過時。他臉色深暗，戴著笨重的眼鏡，高大的身體有點向傴。是的，從外表看去，他的舉止顯得遲緩，這超出了他六十歲的年紀，以至我時常側目凝視著他。在炫目的陽光下，這個過早衰老的人會變成四十年前一個十分英俊的青年，那是他的相冊上幾張他在中央民族學院學習時的留影，風華正茂，未經風霜，有著令人驚訝的俊美，但如今已全然不復。而那時，他被人稱作「色古修」。

藏語「色古修」是少爺的意思，在過去的西藏用來尊稱貴冑子弟。而這個人正是西藏歷史上顯赫的貴族世家之一——霍康第十一代傳人：霍康．強巴旦達。在義大利人畢達克所著的《西藏的貴族和政府》這部藏學名著裏，對包括霍康在內的四十七個具有相當地位的貴族世家均有籠統介紹，但霍康．強巴旦達認為該書無論上溯至18世紀初期甚至更早，還是截至到20世紀70年代，都有許多失實之處。當然他尤能更正的是自己家族的歷史。不過要對畢達克的著作進行修正，或者重新為舊日的西藏貴族立傳，並不是我結識他的緣由。

初次見面是2002年初夏的一個下午，當我從紙袋中取出我父親拍攝于文革期間遍佈劫難的照片，霍康‧強巴旦達的反應令我震驚。他開始只是翻來覆去地看著他父母和外公被當作「牛鬼蛇神」鬥爭的照片，很平靜的樣子，但誰也沒有料到他會突然慟哭起來。他的那種慟哭沒有聲音，只是渾身顫抖，一隻手緊緊地抓著身邊的人，淚流滿面。他就這麼哭了許久，我也禁不住潸然淚下。半響他才哽咽道：「當年我父親曾說過，在批鬥時他看見有人在拍照，我當時不在拉薩，還以為我一輩子也不會見到這樣的情景……」儘管他後來再三邀請我去他家，說要送我一些老照片，我卻無法原諒自己給他帶來回憶的痛苦。

幾天後，在他已無往昔貴族氣派的家裏，他對我說：「因為我是霍康，所以我一生下來就可以承襲祖上的職位，註定擁有四品官的頭銜，如果我日後有

這是霍康‧強巴旦達先生依憑記憶手繪的霍康莊園圖——加瑪古城堡。

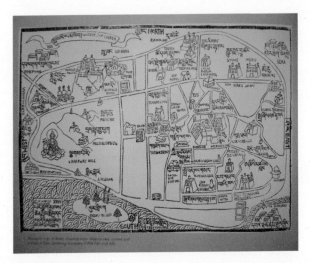

↑ 西藏人畫的拉薩全貌。

↓ 西藏人畫的老拉薩中心市區——以大昭寺爲中心的帕廓。

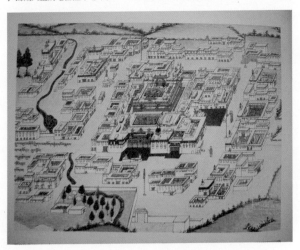

本事，還可能是三品官的『紮薩』，甚至更高一等的『噶倫』（均爲西藏噶廈政府的高級官員）。當然這是在過去，在舊西藏的制度下如此而已。至於現在，我是一個普普通通的老百姓，用解放以後的話來說，是一個自食其力的勞動者。」這聽上去頗爲戲劇化，不過對於那種在社會制度的突然轉變下，將原統治階級陣營的人物改造與被改造的過程，我雖有興趣卻不是特別濃厚。我只是存有一個長久的願望，渴望知道往昔拉薩老城的一些故事而已。在那些故事裏，有著人間的繁華盛景轉眼不再，宗教的因果輪回其實無常，而眼前的這位貴族傳人，無疑保存著許許多多這樣的銘刻在他的成長歲月中的莫測故事。當我吐露心意，他果然表示願意帶我走遍拉薩老城，爲我指點那些舊日生活的遺跡。

我要感激這個人。他果然實踐了他的諾言，帶著我不辭辛勞地穿行在今天的拉薩尋訪過去的故事。這些故事遺留在帕廓街周圍的小巷深處，湮沒在拉薩河邊已經消失的林卡附近，通過這樣一些屬於歷史範疇的名稱：霍康、邦達倉、阿沛、噶雪巴、桑頗、平康等等，通過曾經象徵這些名稱的一幢幢巨大、陳舊的老房子，如今或者充斥其間的市井之聲或者空寂無人的殘垣斷壁，通過蒼老的故人或遷居已久的居民和移民、幾個戴著紅領巾去吉崩崗小學上學的藏人孩子，漸漸地在強烈之極的午後陽光下顯現出來，直至夕陽西下。拉薩正午的陽光有著化學反應的效果，如同洗印黑白底片的藥水。

那麼，是什麼樣的景象在一張張被這藥水浸泡著的底片上漸漸顯現出來？四年了。整整四年過去了。我想總有一天我會將其一一描述。

2006年5月20日，北京

仁布仁波切的昨天和今天

仁布仁波切的昨天

我在2006年出版的圖文書《殺劫》中，依據我父親在文革中拍攝的西藏進行了六年的調查和寫作。其中有一段文字是對這樣一張黑白照片的說明：

這個被畫了大花臉的人是誰？從他身上的袈裟可以看出他是一位僧人。身穿袈裟的他雙手捧著一個小佛龕，脖子上掛了一對金剛鈴，當他被兩個積極分子押著走過大街小巷的時候，從那漫畫似的臉上依稀可見他痛苦的眼神。

這個被醜化的僧人頭戴的高帽上寫著他的名字，不過只能看出「牛鬼蛇神」和「……嘉措」的字樣。但他還是被認出，是色拉寺的高僧仁布仁波切，全名「仁布‧阿旺嘉措」。文革結束後，他離開西藏，去了印度，如今定居在美國紐約，已有八十高齡。

在法國記者董尼德著述的《西藏生與死：雪域的民族主義》中，就西藏在文革中經受的苦難，特別採訪了一位叫日布特的活佛，從一些事實對照來看很可能就是仁布仁波切：「經歷了三十五場大大小小的『鬥爭會』。……在鬥爭會時間，我必須要戴上長長尖尖的帽子，我也必須要披上袈裟，好讓群眾知道我是屬於黑五類。他們在我的袈裟上，掛上各式各樣的法器、徽章來愚弄我，曾經有兩次，我在喇叭、銅鑼與紅衛兵嘲笑聲的引導下，被迫在拉薩市區遊行。鬥爭會一般是在下工後，晚上8點到11點間舉行。白天我得做工：我被指派參加建築工程和敲石頭。控訴我的人很自然地是個漢人，他叫郭祥志。我記得非常清楚。他是我居住那一片區的負責人。他控告我和達賴喇嘛有秘密聯繫，和『外國反動分子』接觸，圖謀組織西藏的獨立運動。他們逼著我當眾低著頭爬在地，然後對我施行批評與毆打。有一次，他們用槍托在我的右耳上，狠狠地撞擊，以至於到現在為止，我還有聽覺障礙。經過毒打後，我只看得到那些劊子手的腳而已。事實上，我是拉薩喇嘛中，受罪受得最少的一個。我現在還活著能夠為這件事做見證，就是一個證據。」

照片上，那兩個揪著仁布仁波切的脖子大步行走的積極分子，左邊戴著鴨舌帽的是曾經如此揪著德木夫人遊街的單增，右邊戴著軍帽的是丹傑林居委會

的治保委員益西，他因為脖子是歪的，又叫「益西則覺」，意思是「歪脖子益西」。此人後來在「武鬥」中當了「農牧民司令部」的副司令，屬於兩派中「大聯指」這一派的骨幹成員，文革後離了婚，開了一個小小的甜茶館度日，幾年前病故。

單增和益西，這兩個從「舊社會」走過來的「翻身農奴」，他們不會不明白喇嘛意味著什麼，說不定他們也曾朝著此刻被他們挾持的這位喇嘛磕頭如搗蒜。然而此刻，他們卻在喇嘛的臉上亂塗亂抹，還揪住他走在大街小巷上示眾，他們怎麼敢這麼做？但看看他們一身的破衣爛褲，用一位貴族後裔德木‧旺久多吉的話來說，「看上去太窮了，窮得叮噹響」，由此可知他們當然要趁此革命「翻身」做「主人」的決心。

仁布仁波切的今天

以下圖文皆轉載自litiejun1900的部落格。

在美國會見仁波仁波切（即仁布仁波切）
最近在網上看到西藏女作家唯色有新作，書名《殺劫》，是臺灣出的，但在網上有幾幅照片，其中一張是色拉寺仁波切，叫仁波仁波切被揪鬥的照片，這就是住在美國三藩市不遠的聖塔克魯茲的瑞胞仁波切。我在2003年訪美，曾參加過一次學術活動，特地大隊信眾去參見過他。現特再次公佈這次活動。
我旁聽了閉關修行最後幾天的課程，學員們安排去觀見瑞胞仁波切，仁波切是藏傳佛教中修行達到最高層

次的高僧。瑞胞仁波切駐錫之處是一個綠樹掩映的別墅。八十多歲的仁波切，被年輕喇嘛扶出來，學員們依次膝行至前，敬獻哈達和供養，供養留下，哈達由仁波切重新套回你的脖子上，並摸頂祝福，有時問幾句話，有時啥話也不問，學員中有人尚能對答，有人見了仁波切，只是流淚。語言方面，仁波切說藏語，年輕喇嘛再翻成英語，我是不懂英語，仁波切竟用漢語問：你是哪里來！答：南京。仁波切說：南京我去過，上海、蘇州、無錫、南京。我是1979年去參觀。我說：是國家組織的西藏上層人士參觀團吧。仁波切為我摸頂，我握著仁波切的手，很軟很軟，目光非常仁慈清亮，他問我現在國內宗教信仰的狀況。我告訴他，在寺院等宗教場所，是可以自由布教的，個人在家裏也是可以自由信教。但如果在家庭中組織宗教集會活動，而沒有申報批准，那是非法的。我告訴他，我不是佛教徒，但是我知道佛教的慈悲博愛和平忍辱，尤其是大乘佛教犧牲自我而普渡眾生，是最優秀的人類文化遺產。仁波切要我多持藥師佛咒，有殊勝功德。我很奇怪，他怎麼知道我是醫生。

觀見結束，仁波切退出，在上樓梯前，回轉身來，再三向我招手致意，我流下了感動的淚水，趕忙合十，雙膝下跪。仁波切胸懷竟如此廣闊，並不因為我是漢人而輕慢，反而格外親切。回來後，我逐漸瞭解了瑞胞仁波切的過去，原來他在極左時代曾經坐過十九年的監獄，經受過多種刑罰，受到過種種非人待遇，但他絕無怨言，並真心為眾生祝福祈禱，包括為那些折磨他虐待他的人祝福祈禱。其精誠匪夷所思。從今天待我之態度，我相信，這在他一定都是真誠的。

【後續】

在此需要補充的仍然是關於仁布仁波切的消息。前不久，在美國的友人卓嘎啦告訴我，仁布仁波切已於今年年初在印度色拉寺圓寂。聞言不勝唏噓。

記得在我為寫作《殺劫》所做的調查中，獲悉小昭寺的主供佛是公元七世紀時藏王松贊干布迎娶的尼泊爾公主帶來的釋迦牟尼八歲等身像，在「破四舊」時被革命群眾攔腰用「宰子」（鐵匠的工具，專門用來宰很厚的鐵）鍘斷，一分為二，上半截被帶往北京，下半截扔棄於寺院的角落。文革結束後，這尊佛像的上半截被班禪喇嘛從北京某個工廠的倉庫裏找到，由仁布活佛千里迢迢帶回拉薩，再和下半截拼接在一起，如今供奉在小昭寺裏。在《西藏生與死──雪域的民族主義》一書中也記載：

「在1983年的時候，有一組西藏代表，趁著鼓起自由化的風潮，到北京尋回一部分屬於他們民族財產的珍寶。他們發現在北京市中心的故宮裏面，至少堆積著有26噸的西藏宗教聖器。這些雕像及禮儀法器，總共裝成163只木箱，被運回西藏物歸原主。另外還有6噸的宗教聖物，則是在北京的孔廟裏被找到；這些也裝成上百的木箱運回西藏。他們總共動用了600個木箱，把13537尊的佛像運回西藏。

「然而這些也只不過是被偷或是被打壞的寶藏的一小部分而已。這個西藏代表團團長日布特活佛（注：即仁布仁波切）說，大部分的西藏宗教聖器都是被銷毀。純金或純銀的佛像、法器不翼而飛。至於銅、錫或其他金屬製成的佛像、法器，則被賣到北京、上海、太原或別的地區的金屬銷煉廠。位在北京東部五公里處的稀有金屬熔煉廠自己就賣了600噸從西藏寺廟刮來的金屬物品。熔銷西藏珍寶的行為，一直持續到1973年，被兩位中國高層領導幹部李先念和烏蘭夫知道後才停止。」

2006年5月1日，北京

那些廢墟，那些老房子

消失的速度多麼快啊。回到拉薩已經十六年的我，眼見諸多有形的消失比生命的輪迴還要快。

但我不是兀自歌頌廢墟的人，我也不是住在所謂現代化的舒適院落卻無以復加地讚美老房子的人。我從未想過非得站在某個對立的立場，採摘看上去由文學家的浪漫、民族主義者的偏狹所蘊育的那些鮮豔奪目的花朵。那樣的花朵同樣是一種塑膠花，並無可能將廢墟或老房子襯托得與眾不同。但我這麼說，也並非否認廢墟的美，老房子的美。我多麼希望獲得一種中立的評價，誠實的文字，來描繪有關拉薩的圖畫啊。

我相信廢墟與老房子的裏面也藏著許多殘酷以及因爲殘酷帶來的哭泣。我不否認，因而不掩飾，這恰恰是人性在人類的生活中重複地演示著喜怒哀樂、悲歡離合，這毫不奇怪，哪兒都一樣。我並不認爲廢墟和老房子就是我們的人間天堂，極樂世界，正如我更不認爲廢墟和老房子就是十八層地獄。一句話，我描述廢墟和老房子的文字，我可以負責任地說，根本不是民族主義文學。

就像在帕廓，走著走著，旁邊突然出現一個幽深的大雜院，門上掛著一塊牌子，寫著「拉薩古建築保護院」，據說已有數百年的歷史；往裏瞧瞧，有搓羊皮的，有洗衣服的，有曬太陽的，顯然是許多人家安居之處。再走走，又會突然看見一座龐大的廢墟，頹垣斷壁上的幾根殘梁筆直地刺向天空，跑來兩個小孩，莫名地執意要領我去看廢墟裏緊靠在牆上的塑像，可那不知是什麼護法神的塑像除了泥土、草垛、木棍，僅剩下無數隻殘缺不全的手臂，那時

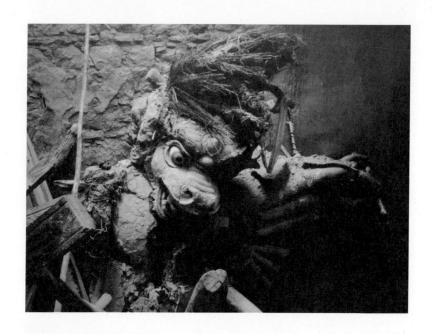

是黃昏，金黃的光線下，每一根彎曲的手指倒很完整，似乎會說話，似乎很
是可怖。

其實就是這樣。老房子所提供的無非是一種與過去的聯繫。一旦老房子沒有
了，我們的過去也就沒有了，這恐怕就是惟一的理由吧。而廢墟所展示的則
是被損傷的過去，它是歷史的傷口，請保留它猶如保留一個地方、一個時代
的紀念碑。儘管如今依傍著廢墟回憶往日裏的莊嚴法會，依傍著廢墟歷數往
日裏的繁華節慶，依傍著廢墟重複人間的聚散無常，沒有比這更令人唏噓
的了。

而當年的那些老房子，一直在為我們和我們的長輩提供生活的場地或者生活
的背景。對於住在其中的人，老房子是生活之場地；對於不住在其中的人，

老房子是生活之背景。當然，還有古樹、老橋、濕地、佛塔等等，這些都是我們的生活背景，都是屬於拉薩的地方風尚。可是，如今我們的生活場地以及生活背景竟然是些什麼呢？

據說，俄裔詩人布羅茨基初次抵達土耳其時，對竭力西化的土耳其這樣評說：「這兒的一切是多麼過時！不是陳舊、古老、或老式，而是過時！」而今的拉薩其實也是過時的。過時與老式無關。過時不是過去，而是東施效顰，越描越黑。難道不過時嗎？但凡稍具規模的聚集地，一概瓷磚、藍玻璃、鋼筋水泥，一概形同虛設的廣場，一概豆腐渣工程，真是比最難看的內地縣城還要過時。

我們的公共空間就這樣被重建了。我們的城市形象就這樣被重塑了。我們的集體記憶也就這樣被重寫了。似乎，一切的一切已經覆水難收了，「並非一聲巨響，而是一陣嗚咽」❶──你，聽見了嗎？

2005年－2006年，拉薩、北京

❶ T‧S‧艾略特的詩〈空心人〉。

拉薩的「烈士陵園」

只要在拉薩，每年有幾個特殊的日子，是我和家人必去「烈士陵園」的日子。那是我父親的忌日和生日，以及藏人的新年初一、漢人的新年初一和清明節。都在冬天和春天。所以在我的記憶裏，一派蕭瑟之後即迎來大地回春，無疑令人安慰。久而久之，揪心的悲痛和思念漸漸平息，我於是有心思在密佈無數墳塋的龐大陵園裏轉悠，看那些碑文上死者的生平介紹，算他們離開人世的年齡，這時候，總是有很多的感慨。

拉薩的「烈士陵園」位於城市的西邊，與建在半山腰的一大片白色的寺院，即著名的哲蚌寺遙遙相對。在它的周圍都是兵營，直屬成都軍區的西藏空軍指揮部和某某部隊。如果不是這些兵營，單就其間的或成片的樹林、被樹木簇擁的水塘和流水，實在賞心悅目。據說，過去這裏是綠意蔥蘢的林卡，穿紅衣的喇嘛們站在哲蚌寺遠望，看見的是很多的鳥兒隱約在樹梢上飛翔。而今天，嘹亮的軍號聲飄忽而來，可以穿過寺院緊閉的大門，迴蕩在默然修法的喇嘛們的耳畔。

拉薩的「烈士陵園」建于何年？我曾經去西藏自治區民政廳採訪過，但因粗心大意，當年的記錄本如今遍尋不見，只能從網上搜得片言隻語，如「安葬著為和平解放西藏、修築川藏、青藏公路、平叛改革、中印自衛反擊戰、平息拉薩騷亂和為西藏發展與建設英勇獻身的八百多位烈士，被命名為自治區級國防教育基地……」如今也與時俱進，順應潮流，被開闢為正在蓬勃興起的「紅色旅遊」線路之一，在旅行社的網頁上可見「舊西藏監獄朗孜廈／拉薩烈士陵園孔繁森墓雙飛六日遊」，這倒是意味深長的安排，卻也為參加「紅

（王力雄／攝影）

色旅遊」的廣大黨員們增添了公費旅遊西藏的堂皇理由。

如今去「烈士陵園」，可以看見嶄新的鐵門兩旁題寫著毛澤東的詩句：「唯（應是「爲」）有犧牲多壯志，敢叫日月換新天」。這當屬新中國的一大特色。幾乎在中國所有的「烈士陵園」或「革命公墓」的門口，都赫然寫著這著名的詩句。而且塗染著宛如鮮血淋漓的紅色，更是充滿了一種革命的浪漫主義豪情。死個人算什麼？死千萬個人又算什麼？只要那天下是紅太陽普照的天下。從1959年即已「和平解放」的新西藏亦當如此。只是原句中「爲有犧牲多壯志」的「爲」，在拉薩「烈士陵園」的門口竟變成了「唯」，這算不算是篡改偉大領袖的語錄呢？不過也不必追究，廣大的「翻身農奴」能夠寫下這麼多漢字，已經相當不錯了，相當有進步了。

門口還拴著一條大黑狗，是藏獒，很凶的樣子，一見生人就恨不得掙脫了鏈子撲將上來。這是看守陵園的人養的狗。是一家藏人，住在緊挨大門的一棟石房子裏，似乎還帶著草原上養狗的習慣。在藏獒的背後豎著兩塊牌子，一書「青少年愛國主義教育基地」，一書「國防教育基地」，仿佛這裏是某個基地組織的大本營。一條新鋪的石路徑直通向整座陵園中最宏偉的建築，如同祭台，其正中矗立著一座紀念碑，用藏漢兩種文字上書「革命烈士永垂不朽」，也是修葺一新。是的，這「烈士陵園」在短短的這些年發生了很大的變化，早已不是我十三年前見到的一片野草萋萋的荒涼模樣了。這一切都歸功於「領導楷模，人民公僕」——孔繁森同志。雖然這裏面多的是爲了新中國，不，爲了新西藏獻出了寶貴的鮮血和生命的革命先輩們。

我父親的墳墓就位於這些革命先輩之中。即便是死了，也得按照爲革命做出的貢獻大小來安排死後的位置。毛主席教導我們：「生的偉大，死的光榮」，黨自有一本功勞簿在手，孰前孰後絕對不能差池半分。所以，這「烈士陵園」的右上角，大概有四分之一的面積，是歷年來各黨政軍級領導人或有特殊貢獻的革命先烈們的遺骨的棲息之地。通常都比普通墳墓高大。許多墓碑上刻

著紅五星。而且每一墓碑上的碑文都是一段簡明扼要的革命歷史。何時出生。何時參加革命。何時入黨。在革命隊伍中歷任何種職務。何時因公或因病去世。不帶絲毫的感情色彩。因爲那是黨和人民爲他們樹的碑，立的傳。而非各自的家屬（這也是革命隊伍中的一個專用辭彙）所立。以表明要將小我融入大我之中，化悲痛爲力量。

歷史是人創造的。如果你花一點時間穿行在這一片墳墓之間，你就會對這半個世紀以來的拉薩風雲有所瞭解。這裏面，堪稱重要的是這兩座墳墓：一座是1959年，在羅布林卡門口被群情激憤的藏人認爲是中共特務而暴打致死的今全國政協副主席帕巴拉的哥哥的墳墓；一座是1989年，在所謂的拉薩「騷亂」中喪生的武警士兵袁石生的墳墓。有關詳情不是我在這裏所要書寫的，那需要耗費太多的筆墨。我想說的是，這兩座墳墓，前者修築得非常高大，後者則毫不起眼。而這兩座墳墓應該是整個「烈士陵園」中最具有革命教育意義和光榮歷史的墳墓了，但不知爲何，據我觀察，這裏總是顯得冷冷清清。或許是沒有親人探望的緣故，袁石生的碑文早已模糊不清，直至有一年清明節才被一名武警士兵用紅漆重新描畫了一遍。

事實上，每逢清明節，這裏都顯得熱鬧非凡，甚至像集市一般。確切地說，應該是自從孔繁森同志光臨之後才如此的。而在這之前，即使這裏安葬著不少爲新西藏壯烈犧牲的革命先烈們，但還活著的革命同志們似乎並沒有把他們記在心上，或許是革命工作太繁忙了。倒是有小孩子們年年來，戴著紅領巾，拿著掃帚和筆記本，接受革命傳統的再教育。還有列隊敬禮的軍人個個威武。但自從1996年以後就不是這樣了。在第一排的東頭新添了一座大理石墳墓，墓碑上刻著曾經的主席江澤民和曾經的總理李鵬的題詞。其墓前還鋪上了整齊的石塊，栽種了松柏，但規模不大，就像是專爲孔繁森同志佈置的私家小花園。從此，每逢清明節，我們可以在孔繁森同志的墓前見到許多領導同志，在隨行記者頻頻閃爍的閃光燈和特寫送出的攝影中，表情肅穆，語言沉痛。領導們還要手持掃帚做掃墓狀。然後還要緩步走來，向正在給自己

（王力雄／攝影）

親人掃墓的家屬們一一握手，以示深切的慰問。而這時候，也是我最無法忍受的時候。是的，我受不了這樣的慰問。一次，我來不及避閃，正好被一位著名的領導同志逮住了手，看著她滿懷同情卻又顯然並不由衷的樣子，我忍不住笑出了聲。

清明節，一個多麼作秀的節日。紀念碑前，孔繁森同志的墓前，一片片密密麻麻的人頭，一排排高高舉起的手臂，一聲聲刺破雲霄的誓言。紅領巾。共青團員。共產黨員。學生。士兵。工人。以及幹部。這時候，這裏沒有藏族、漢族和其他民族。這時候，這裏全都是共產主義的接班人，要繼承革命前輩的光榮傳統。是的，確實是革命的傳統之一。想當年，我還在戴紅領巾時，在藏東康區某縣的「烈士陵園」和全班同學列隊宣誓，有一個調皮的男生故意放了一個響亮的屁，遭到老師的痛斥和所有女生的鄙夷。

我和家人開始不願再在清明節為父親掃墓了。可我父親既然已經按照另一種葬俗入土，我們也就只能按照相關的風俗繼續下去。但我們不願把自己真實的悼念在人前展示，於是我們常常提前一天去盡自己的心意。而當我們這麼做時，發現有不少人也都提前一天來給自己的親人掃墓。在這片墓地中，藏人占多數，而且基本上是當年參加中國人民解放軍第十八軍「解放」西藏的藏人，籍貫多為今四川康地藏區一帶，其實是康巴藏人。我父親正是其中一員。當年他才13歲，穿一身不合體的軍裝一路跋涉而來。如今他長眠於此，在他的周圍多的是他當年的革命戰友，像格桑楊剛、雍丕、洛桑慈誠等等。也因此只要是逢年過節各自為親人掃墓的人，常常可以在此相遇，所帶來的祭品幾乎一樣，所要進行的祭祀儀式也幾乎一樣，而且都是漢藏結合，既要獻哈達、點燈、煨桑，也要燒紙錢、點煙、倒酒。離開之前，都會帶著自己家做的點心之類在你家或他家的墓前放一些。母親們會彼此拉著手聊些家常，我們做孩子的很少相互說話，卻感覺得到某種相憐的情緒流經心間。

除了這片墓地，更大一片是位於「烈士陵園」正中的軍人之墓，正是網上所

說的「八百多位烈士」葬于其中，也因此很多都是無名之墓，據說有不少是衣冠之塚。沿著這片墓地向左走，則是普通人的墓地。我常常要來這裏。不為別的，只看看望兩個女人。她們都是我原單位的同事，《西藏文學》的編輯。實際上，是我從未見面的同事。那是兩個漢族女人。一個叫龔巧明，一個叫田文，在上個世紀八十年代，為西藏文學的一度輝煌增添了不可忽略的光彩。我每次都要給她倆點煙或擺放幾個水果。她倆死的時候多年輕啊，龔巧明三十七歲，田文二十九歲，都是好年華。

值得一提的是，在這座「烈士陵園」的一角，還有一片特殊的如同被打入另冊的墓地。那是文化大革命當中因武鬥致死的紅衛兵的墓地。看得出來，最初頗受重視，有高大的牆，十二座圍成圓圈的墳墓簇擁著一個小小的水泥廣場，廣場的中央設置的有花台和路燈，而且，每一座墓都工整、小巧，墓碑上還鑲嵌的有死者的照片。但如今，墓地裏長滿了萋萋荒草，破裂的廣場堆積著牲畜的飼料，墓體已經裂縫，碑文模糊不清，竭力辨認才依稀可見——第一行是「一九六八年《六‧七》大昭寺事件死難烈士」；其次是死難者的名字，籍貫和年齡，如果是女性有特別註明；然後是「西藏自治區革命委員會 西藏軍區 一九六八年八月立」。

這十二個年輕人全無例外都是藏人而且大多是拉薩人，可是這麼多年來，據說從未有任何人來這裏憑弔他們。是他們沒有親人，還是連他們的家人都想要忘記他們？儘管西藏人沒有上墳祭奠的習俗，可這裏未免也太冷清了。就像整個事件的來龍去脈從不見於任何公開文本，才短短的三十多年，似乎無人可以說得清楚，又似乎是有意隻字不提，以至於事件本身幾近湮沒，這是為什麼呢？我看見他們的靈魂在哭泣，為的是在這樣的地穴立安身，這是多麼地背離自己的傳統。我也看見他們的軀殼在迅速地腐爛，——天哪，何以不天葬呢？讓高飛的禿鷲把自身攜帶的所有業力化為來世。

2000年4月，我與遠道而來的愛人去了「烈士陵園」。我們祭拜了我父親的墳

墓，也去看望了這十二個年輕藏人的墳墓。我們在這些紅衛兵的墓前談論著當年讓他們喪命的往事，而他認爲我應該由此入手，寫一部關於西藏文革的記憶之書❶，來力圖復原西藏文革的眞實面貌。於是，這本後來耗去我整整六年的書稿，就在我父親以及這十二個年輕藏人的墓前有了最初的形態，如同是他們的靈魂託付給我的使命。

……清明節又到了。但今年和去年一樣，我都在遠離拉薩的漢地。電話中，妹妹告訴我，家人正在「烈士陵園」爲父親掃墓，還說人多得不得了，小學生、軍人和官員。於是我的腦海裏立即浮現出那如同趕集的熱鬧場面。也許是因爲我不在拉薩，家人又隨俗在這天去掃墓。我不禁思忖，對於我的父親來說，這樣一種合棺入土的葬俗是他所情願的嗎？由於他的突然離世使「組織上」爲他做了決定，就像他這一生，有太多太多的事情都是「組織上」爲他做了主，可是，這最後的一次是他原本的選擇嗎？作爲一個其實隱秘的佛教徒，作爲半個藏人，天葬這種葬俗，難道不是他最嚮往、最圓滿的歸宿嗎？當然我也不敢完全肯定，穿了整整四十一年軍裝的父親終究會選擇天葬。但就我自己而言，就像每次在與父親的墓地告別時，我總要悄悄說的一句話，這一次，我還是要說，當我這一世生命終結的時候，我只有一個要求，那就是送我去天葬。而這句話，我現在就要趕快說出來，趁我還活著的時候說出來，以免哪天突然離世，卻被別人隨心所欲地處理了我的屍骸。

2005年4月5日，北京

---

❶ 《殺劫》，2006年，大塊文化出版。

當古老的唐卡遇上浮躁的今天

1. 帕廓街的唐卡作坊

去過拉薩的人，必定去過拉薩東面那條著名的街。但一提起那條街，很多人有可能誤讀，並因此產生歧義。有什麼法子呢？西藏人口中的「帕廓」，常常被漢語說成「八角街」，於是雖不規則卻還是圓形的街，便莫名其妙地憑添了八個角。這個錯誤的發音源自何時？姑且不論追溯多遠，肯定與四川人有關。因為在四川話裏，「角」被念作「Guo」，於是「帕廓」變成「八角街」也就不足為怪。

不過帕廓也好，八角街也好，反正都是西藏的佛教徒繞著大昭寺像時針一樣轉個不停的街，反正都是外來的遊客被挨肩接踵的小攤或店鋪裏那些千奇百怪、真假難辨的民族工藝品晃花了眼睛的街。再說了，連土生土長的本地人，有時也會用十足標準的普通話，從嘴裏蹦出個「八角街」，由此可見因旅遊業的蓬勃發展，帶來了多麼廣泛而深入的效應。

旅遊業著實是一項立竿見影的系列商業活動，就像「唐卡」這種為西藏特有的傳統繪畫，在過去屬於並不公開示眾的絕活。1996年，一個名叫茨旦朗傑的年輕畫師率先把繪製唐卡的現場設在帕廓街上，算是開了如今蜂擁而起的眾多唐卡作坊的先河。他師承在民間享有聲譽的古老畫派，曾被邀往尼泊爾和蒙古的藏傳寺院繪畫，親眼目睹全世界旅遊者紛至沓來的加德滿都街上，有許多小店正從事著邊畫唐卡也邊賣唐卡的火紅生意，這無疑啓發他邁出了開拓創新的第一步。五年前，他從帕廓南街搬到帕廓東街，掛滿唐卡的店面擴大了，在繃緊的畫布上勾線上色的畫工增加了，用藏漢英日四種文字書寫

的店名「八廓唐卡藝術專畫部」也印在了不少旅遊手冊上，而興致勃勃地購買唐卡的人更是遍佈五湖四海。

唐卡作坊的出現，如今已是帕廓街上不可或缺的特色風景，但另一方面，又是否降低了唐卡本身所具的天資異稟？

2. 隨身攜帶的廟宇或緩緩展開的供奉

「唐卡」是藏語。「唐」的含意與空間有關，以示廣袤無邊。畫師茨旦朗傑舉例說，就像在一塊布上，既可畫幾百甚至上千尊佛，也可只畫一尊佛。「卡」有點像魔術，指的是空白被填補，於是白布上出現了畫。如今常見的定義是，唐卡者，西藏的卷軸繪畫也。

佛教繪畫的歷史可追溯到釋迦牟尼時代。那是一個拈花微笑都會覺悟的時代，所以當畫師要爲世俗人間留下度化眾生的佛陀形象，是對著佛陀在明鏡般的水中映下的倒影而描摹的。西藏的每個受過傳統訓練的畫師都會如數家珍一般講述這美好的傳說，包括西藏的第一幅唐卡是圖博王松贊干布用自己的鼻血畫就的護法女神白拉姆。但是傳說通常不足爲憑。有人云，唐卡源于圖博時的文告和僧人講經說法時隨處懸掛的布畫，歷史長達1400多年。也有人深信早在更爲久遠的象雄古國便已出現，用以傳播推崇巫術的土著宗教。

但不論何時，唐卡的形式必定與游牧部族的生活經驗相關。西藏人與他們的牲畜在遼闊而荒涼的高地上逐水草而居，裹成一卷的唐卡成爲漫漫長途中隨身攜帶的廟宇。畢竟，唐卡比塑像更輕，也不同於壁畫，無論走到哪里，只要把唐卡繫掛在帳篷裏，哪怕是一根樹枝上，宗教的光芒便會使艱辛的日常熠熠生輝。唐卡甚至與西藏人的命運有著十分隱秘的關係。對於活著的人來說，是爲了祈禱、禮拜和觀想；而當親人去世，根據卦算，家人會請一幅具

有特殊意義的唐卡，畫的是護佑亡者度過中陰階段的保護神。也有很窮的人家請不起唐卡，但他們對唐卡並不陌生，因為每一座寺院都高懸唐卡，伴隨著他們獲得慰籍的一生。最小的唐卡僅有巴掌般大小，畫在紙上、布上或羊皮上；而大的唐卡可達幾十甚至上百平方米，堆繡、織錦或貼花不一而足，往往珍藏在高貴的寺院之中，每年擇吉日而向廣大信眾示現，當其緩緩展開，竟能遮住整整一面山坡，這是多麼盛大的供奉！

有一種盛行的看法，認為唐卡無異於百科全書，宗教只在其中之一，更有包括歷史、科學和社會生活的許多內容。然而，與其說所有的唐卡講述的是一部百科全書似的青藏高原，莫不如把整個藏地看作是包容一切的佛化世界。浩如煙海的唐卡，所融彙的是佛教精神和世間技術、宗教願力和個人創造。

3．魅力永存的秘密

西藏人把唐卡畫師統稱為「拉日巴」，意思是畫佛或神的人。彷彿芸芸眾生中，有一些被選中的人接受了描摹某種永恆的任務，他們往往是寺院的僧侶或民間的祖傳世家。一幅唐卡的繪製，也就是一次神佛重現的過程，自有一份代代相傳的範本，須得遵循。而範本往往隱匿於密乘的經典之中，記載著至少八種成套的造像尺度，無論是姿態莊嚴的靜相神佛還是神情威猛的怒相神佛，所有的造像都有相應的比例，不得修改。

唐卡至今猶存的最大秘密恰恰在於因循守舊。這個含有貶義的辭彙在這裏卻象徵著唐卡的光榮傳統，每一位畫師正是因為堅守這一傳統而成為宗教記憶的複製者。是的，宗教也有宗教的記憶，比如長長的經卷中一字不改的真言，繁多的儀軌中一成不變的手印，而在包括唐卡在內的造像藝術中，則是一絲不苟的尺度或比例。因此有這樣的說法：比例得當，畫完的唐卡不必開光；若不成比例，連畫師也將招致惡報。不過這絕不是排斥畫師的才華，使

他們變成毫無個性的匠人，雖然他們從不在唐卡上留名，但卻賦予每一幅唐卡莫大的感染力。試看那些繪有怖畏護法的唐卡，每一個姿勢都挾帶著傳說中雷厲風行般的呼嘯，每一個眼神都凝聚著傳說中電光火閃的威力，各種佩飾和所持法器皆含有深遠而奧妙的意義，在靜默的觀想中仿佛即將顯身或就在現場。一位研究唐卡藝術的西方人這樣感歎：「所有這些借著西藏信仰的力量示現給我們，是爲西藏美學無可抗衡的魅力根源。」

產生並且延續這種奇異魅力的是顏料，這屬於唐卡的另一個秘密。因爲所有的顏料皆取自於大地，不是珍貴的礦物就是稀罕的植物，有的竟是特別的土。至於顏料的配製完全靠手工操作，過程緩慢而複雜，甚至跟人的力氣有關，比如白色和黃色可以由年輕男人來打磨，但藍色和綠色則需要體弱無力的人慢慢地研磨。用這些顏料繪製的唐卡具有非凡的效果，歷經滄桑卻不變

色。如以純金敷底、朱砂勾勒的金唐卡或以朱砂敷底、純金勾勒的朱紅唐卡，驚人之美無以言喻。其中對金色不可或缺的應用乃唐卡絕技。爲了使上金粉的畫閃閃發光，須用一種打磨得尖尖的瑪瑙或九眼石鑲嵌的筆反復摩擦出很多層次，所以多少年後，即使畫面模糊，但描金的局部仍是熠熠奪目。

4． 曾經的輝煌，曾經的劫難

一幅幅循規蹈矩的唐卡看似有著強烈的保守傾向，卻在這個兼具游牧習性和宗教情懷的民族所熱愛的遷徙和朝聖的傳統中，實現了各個流派或風格之間的交流以及豐富，並由無數的喇嘛畫師和民間畫師代代薪傳下去，不斷地展示著超越時空的美感。研究發現，在15世紀，改革和復興藏傳佛教的宗喀巴大師時期，西藏藝術獲得重大成就。在五世達賴喇嘛時期，以布達拉宮爲象徵的建築表明「西藏宗教已經永不磨滅地嵌入世俗的物質世界中」，精彩紛呈的壁畫與唐卡則具有「盛極一時的天人般的迷人特質」。有專家如是評說：「當17至18世紀中，其創作可能是亞洲最好的佛教藝術」。

但古老的傳承曾一度中斷。眾所周知的是在「十年浩劫」的文化大革命中，無以計數的宗教藝術品被「破四舊」的大火化爲灰燼。事實上，於此之前的各種政治運動已經使傳統文化在劫難逃。西藏第一位傳授唐卡繪畫的碩士生導師丹巴繞旦教授辛酸地回憶：「連續不斷地有運動。運動太多了，畫唐卡是不行的，那是封建迷信。沒人敢畫唐卡了，唐卡畫師都改行了，當木工，當石匠。慢慢地，這藏畫顏料也就沒人知道該怎麼做了。」

藏畫顏料的失傳是致命的。當唐卡繪畫再度復蘇，卻因藏畫顏料消失殆盡，只能用國畫和廣告畫顏料來代替而大爲遜色。西藏大學藝術學院教授阿旺晉美強調：「藏畫顏料能夠把最好的畫家所畫的最好的作品永久地留下來。」至於其他顏料，最大的缺陷就是色彩不能久存，如西藏藏醫學院曾訂製一幅

巨幅唐卡，就因有的色彩用的是廣告顏料，僅僅幾年就已褪色。鑒於此，丹巴繞旦、阿旺晉美等專家費時三年，根據過去的文獻資料滿山遍野地尋找礦點，走訪尚還健在的老唐卡畫師，發掘秘方，不斷實驗，終於使失傳近四十年的製作工藝於1998年重見天日。唐卡畫師們喜悅至極，認爲畫畫的感覺與先前完全兩樣。

目前拉薩有兩個藏畫顏料廠，一個是西藏大學藝術學院所辦的礦物顏料廠，因質量不錯，供不應求；一個是拉薩古建隊所辦的顏料廠，據說銷售的一些顏料仍有化學成份。

5. 唐卡會不會從我們的身邊消失？

看上去，別具一格的唐卡從未像今天這樣廣爲人知。一些被稱爲「新唐卡」的繪畫顯示的是主流畫家們的大膽嘗試，雖保留古老的形式，卻在內容上不復以往，注入了日新月異的時代層出不窮的訊息，如拖拉機、汽車、飛機等象徵物質進步的符號，也有領導人物的肖像等傳達政治含意的符號。更多的「新唐卡」則借鑒中西方藝術的表現手法，冀望成爲獨立的藝術品。然而，這些「新唐卡」是不是離眞正的唐卡相距甚遠？如果沒有了宗教性，即便沿用傳統技法，但還可能是唐卡嗎？

遊客雲集的帕廓街上，現場繪畫的唐卡作坊逐漸增多，但往日與傳承一併延續的要求或者禁忌卻在消沒。畫師茨旦朗傑講述自己當年學畫時，「每天晚上都要背誦佛經和比例，那麼多神佛的比例全得靠記憶牢牢記住。可現在很少有人這麼做，因爲照片和畫冊很多。」是的，如今的畫師們只要照著照片和畫冊模仿即可，有的年輕人甚至不認識藏文。過去邊畫唐卡邊念經，如今年輕的畫師邊畫唐卡邊唱流行歌曲，甚至是漢人歌手刀郎的歌兒。至於所用的顏料極少有純正的藏畫顏料，大多是相對價廉的國畫和廣告畫顏料。更有

許多成批量印刷的唐卡掛滿街頭，儘管比手繪唐卡便宜，卻十分粗糙，丹巴繞且教授批評道：「那些印刷唐卡根本不是唐卡」。

他還解釋了為什麼過去的唐卡遠比今天畫得好的原因。「從技法上說，是因為畫得十分仔細。一幅唐卡至少要畫一年。慢慢地畫，簡直就是一種靜止的繪畫，有的局部需要用放大鏡才能看清楚。可現在的人一點也不耐心，只圖越快越好。當然現在要是一年畫一幅，這個畫師也就吃不上飯了。」吃飯當然是大問題，但為了吃飯就可以把信仰變成商品嗎？一本名為《留住手藝》的書上有這樣一句話：「傳授技能是要花時間的，這是一個要用手去記憶的過程。」而唐卡繪畫，既是要用手更是要用信仰去記憶的過程。一幅用恭敬心畫的唐卡，與一幅在金錢或別的用心驅動下畫的唐卡有天壤之別。前者使

人感受到諸佛對有情眾生的接引，後者卻使得畫中的譬如四臂觀世音的容顏上也蒙上庸俗之氣，超越世俗的美消失了，其實也就是唐卡之美消失了。這樣的唐卡充斥在把白銅說成是「藏銀」、把塗上紅色和綠色的尋常石頭說成是珊瑚和松耳石之類的假貨當中，無非是掛著「西藏紀念」標籤的旅遊商品而已。

值得關注的是一度失傳的藏畫顏料如今正面臨著礦源短缺甚至喪失的危機。如花青和藍綠被喻為顏料中的「王子」，是唐卡繪畫不可或缺的色彩，但製作這兩種顏料的礦源很少，主要分佈在拉薩附近的尼木縣和昌都地區的兩座礦山上，尤以尼木的礦山因完全成熟，最適宜加工。但近年來，該礦山被當地政府賣給內地的某礦業開發公司，用來煉銅。西藏大學礦物顏料廠的幾位畫家歎息道：「雖然我們過去跟鄉里簽的有合同，但現在因為是縣裏把山賣給了公司，鄉里也沒辦法，這實在是很遺憾。銅礦哪里都有，可能夠加工藍綠顏料的礦山卻沒幾個。藏畫顏料猶如唐卡的生命，發掘難，維持下去更難，能不能以某種立法的形式進行保護呢？」……

或許，我們應該及早思考這樣一個問題：古老的唐卡，會不會也像很多傳統文化一樣，從我們的身邊悄悄消失？

2004年10月30日，北京

我的，我的聲音

昨晚看了《天葬紀實》

母親想看這部拍天葬的紀錄片。我也想看了。是個複製的VCD，在北京的雍和宮對面的小店買的，顯然只在個別的渠道流通著。大半年了，就沒看，不知何故。

根本算不上是電影。太業餘了。第一個鏡頭就亂搖一氣。純粹是旅遊者帶著那種家用攝影機的途中雜記，毫無技術可言。

完全沒有任何鋪陳，就那麼撲面而來。我指的是天葬本身。它包括堆砌著石塊的天葬場，屠夫裝束的天葬師，遠遠飛來的禿鷲，最最不可缺的是——屍體，人的屍體。第一個是個小孩子，太小了，看不出是男孩還是女孩。第二個是個老人，非常瘦，簡直就是皮包骨頭。他倆當即被剝去衣衫，蜷曲著，赤裸裸。

這現場可能是在康，而不是衛藏或安多。因為幾個穿絳紅袈裟的僧人，紛雜的聲音中吐露的是康地口音。康的哪個地方呢？具體不詳，很像是康北一帶。至於拍攝者呢？雖未露面，但忽而四川話，忽而「椒鹽普通話」（四川口音的普通話），顯然是個四川人。他的同伴們出鏡了。三個比較年輕的男子。有戴眼鏡的，有穿漢地僧服的，有打雨傘的。不知是誰的普通話十分港臺。

如果不見他們出鏡，僅僅是誦經的僧人陪伴著操持刀斧的天葬師，即使那小孩子和老人的軀幹被砍得如何地支離破碎，我也能平靜地看下去，因為這本是我們民族的葬俗文化，雖未曾目睹，但耳熟能詳。我還寫過一篇康的一位天葬師的文章，渾身散發著奇怪氣味的他，向我滔滔不絕天葬中的每一個步驟。

可是他們的出鏡立刻改變了這部片子的氣氛。陡轉直下。令人震驚。首先，我驚訝於應該清場的天葬場竟然出現外人。習俗上，死者在被天葬時，是不允許除了親友之外的陌生人在場的。而且，護送死者的親友也須是挑選過的，屬相互沖或家中女性不能隨行。這是拉薩的習俗。康或安多呢？差別會很大嗎？大得來可以讓非親非故的外人，就在跟前，從頭到尾、評頭論足地看一個人如何被天葬嗎？

不是說天葬有何不可告人的秘密不能被看。而是生死乃大事。一個人，在出生時有一系列鄭重其事的迎接儀式，在死亡後同樣也有一系列鄭重其事的送別儀式，這當中飽含著對這一世有幸生為人身的尊重。因此，怎麼能夠任憑不是天葬師的他人輪番上陣，在嘻笑聲中，用刀亂劃死者的身體，用手亂捏死者的身體，並且擺出得意洋洋的姿勢與完全無助的死者合影？這是我的第二個驚訝。

而那個攝影者也參與進來。他把攝影機變成了肢解死者的刀和斧，逼近，逼近，不斷地逼近。於是天葬也就變成了一個十分血腥的過程，血腥得令人恐怖，血腥得令人噁心，血腥得令人失去對生命的全部情感。似乎這樣一種沿襲下來的葬俗，是對死者的最後一次毫不留情的施刑，如同屠殺。

當迫不及待的禿鷲密密麻麻地飛來，發狂地撕扯著皮開肉綻的屍體，那個戴眼鏡的四川人，激動地喊叫著，激動地用腳去踢擠成一團的禿鷲，這已經不是一齣簡單的鬧劇那麼饒有趣味了。這也已經不是一種罕有的風俗那麼供人獵奇。而成為對每個觀者的視覺、神經乃至內心的考驗。就像在說：看你受得了受不了？至少，在昨晚，讓我和我的母親痛楚地感到，被重擊了。母親唉唉地歎息著，這兩個人啊，真的好可憐，七七四十九天還沒過完，就被折磨成這樣，這中陰的路如何走得好？

或許不知者不為過。不是一個文化的人當然不容易瞭解另一個文化的特別之處，儘管尊重生命是每一個文化的起碼。所以我驚訝於我們的「刀登」（拉薩

話是「多丹」，指天葬師）和喇嘛們過於的寬宏大量，讓人懷疑，應當遵守的禁忌是不是早已被幾個金錢輕易地打破？否則，如果獵奇者沒有花錢來買「天葬」這場戲的入場券，怎會如此恣意妄為？拉薩著名的色拉寺天葬場因為離城很近，經常有許多觀光客跑去偷窺和偷拍，以致惹惱死者的親屬而發生不愉快。但現在也聽說，只要用錢買通天葬師，個別天葬場是隨便可以參觀的。甚至，有的天葬場居然開始賣門票，變成了旅遊一景點。如此下去，死者何以堪？！死又何以堪？！

補充一句，那四個人，如果真的花了些錢也不會白花。把如此詳盡的天葬過程製成VCD販賣，肯定不乏銷量。而且還注明「歡迎流通，功德無量」，比起一般VCD要貴好幾元。看來他們是鐵了心想掙這個錢的。西藏還剩下什麼，尚未被發現、被開發和被流通呢？

此刻，我記起我寫過的那位天葬師說過的幾句話：「人死了，如果沒有好好地被天葬的話，是會變成鬼的，就像壁畫上的那種專門在天葬場出現的鬼，一身的骷髏架子，很嚇人的。」「每次在天葬場上用刀子劃死人的時候，我都把這些死了的人想成是我自己，我都在心裏祈禱，下一次輪回的時候有一個好的轉世。」或許，這些話會被認為可笑，但這是另一個文化。對於別人是異質的文化。卻是屬於他的文化。

他還要求我拍攝這樣一張特殊的照片：他像一具被捆綁了四肢的屍體蜷伏在草地上，眼睛緊閉，了無生氣。他說：「送來天葬的死人都是這樣子。我很想看看我自己死了之後，被抬到天葬場上是一副什麼模樣。」可是，我現在想，假如他知道他在天葬場上的結局與這影片中的老人一樣，他會怎麼辦呢？當然，從佛法的究竟意義上說，這個他並不是他，因此他完全可以毫不在乎。但相對意義上呢？

2005年7月16日，北京

《農奴憤》，又回來了

1.

長久以來，人們對「舊西藏」的記憶，是由黨領導下的文藝工作者以各種文藝形式塑造的（包括電影《農奴》、長篇小說《倖存的人》、歌曲「翻身農奴把歌唱」等等，也包括泥塑〈農奴憤〉），從頭到尾貫徹的是偉大領袖毛主席的教導——「民族問題的實質是階級問題」。而「階級問題」表現於兩大階級的對立：剝削階級與被剝削階級。剝削階級的象徵是「三大領主」，也即「舊西藏」的噶廈政府、寺院和貴族；被剝削階級的象徵當然是「百萬農奴」。

黨給「三大領主」下的定義有四個「最」，即「最反動、最黑暗、最殘酷、最野蠻」，因此在這些文藝作品中，「三大領主」的形象都是從這個模子裏刻出來的，無一不是滅絕人性的大壞蛋。既然人性已經滅絕，那麼這每一個「三

大領主」便不是活生生的人了，而是一種被縮略化、妖魔化的符號了。其目的不外乎有二，一來激起廣大「翻身農奴」的仇恨意識，用當時的流行術語來說明，這種仇恨意識是「階級仇」、「民族恨」；二來喚起廣大「翻身農奴」的感恩意識，用當時的流行歌曲來表達，則是「翻身不忘共產黨」。簡單地說，就是四個字：憶苦思甜。

1975年，正是文革後期，西藏自治區革

委會（革命委員會，相當於省委）邀請北京和瀋陽的御用藝術家們，完成了大型泥塑〈農奴憤〉，共分四個主題：最悲慘的人間地獄——封建領主莊園；最黑暗的吃人魔窟——寺廟；最反動的統治機器——「噶廈」；農奴鬥爭盼解放。106個真人大小的「農奴」和「三大領主」，以各種慘不忍睹或兇神惡煞的造型，並配有音樂和解說詞，在當時的「西藏革命展覽館」隆重展出。參觀者絡繹不絕，因為這是一項政治任務，西藏人民都得必須接受如此生動的「歷史教育」。一本專門向西方人介紹新中國成就的雜誌《中國建設》就此總結：「掀開展覽館的黑色門簾後，人們進入了人間地獄的舊西藏。」

「舊西藏」到底是不是「人間地獄」？如果非要這般概念化、二元化地進行價值評估，那麼「新西藏」又是不是「人間天堂」呢？相信誰都不會毫不遲疑地一口咬定。因為「天堂」這樣的世界是不可能有罪惡的，而有罪惡的世界當然不會是「天堂」，三歲小孩子都懂這個道理。可有什麼辦法呢？黨非得說「舊西藏」就是「人間地獄」，像我這樣的1960年代生人又沒在「舊西藏」待過，對「舊西藏」的記憶只能全靠〈農奴憤〉之類來塑造了。我清楚地記得，不足十歲的我從當年的畫報上看到那一個個泥人時，確實有一種義憤填膺的感覺，恨不得就像黨培養的紅色歌手才旦卓瑪阿姨唱的那樣，「——奪過鞭子抽敵人！」

2.

三十年過去，彈指一揮間。就像是電影裏的鏡頭切換，當我走進西藏人民出版社的書店，一眼看見高高的書架上屹立著那個砸開碎鐐銬、英勇不屈的「翻身農奴」時，早已沉澱的某個記憶一下子被啓動，重返似乎已是格格不入的現實文化空間。這是2005年的一個暖融融的冬日下午。取下這本裝幀設計簡直就像文革時代出爐的畫冊，我有點恍惚，難道是存放在倉庫裏的舊日讀物復出不成？所以這幾行白紙黑字出現時，不禁頗為驚訝。

「今年是西藏自治區成立四十周年。回望過去,展望未來,牢記西藏從黑暗走向光明、從落後走向進步、從專制走向民主、從貧窮走向富裕、從封閉走向開放的歷程,具有歷史教育意義和現實意義。為此,西藏人民出版社再次整理出版此書奉獻給大家。2005年4月」

用藏漢兩種文字印刷的《農奴憤》,這明明刻著時代標籤的文革產物,竟然在黨也承認的「十年浩劫」結束已經三十九年的今天,以2500份的印數廣爲發行,實乃一大奇觀,我當即掏出28元買了一本,爲的是重溫當年幼稚的我那空白的世界觀如何被塑造的過程,更爲的是琢磨在與時俱進的今天重又復活當年改寫歷史的權力話語的用意何在。雖然這些年來不斷地有文革歌曲、文革繪畫、文革攝影等接踵復出,也有各種各樣的文革舊物或仿製品充斥大江南北的舊貨市場,但那都無不含有商業的算計並且多少具有反諷的色彩,而這本畫冊卻截然不同,因爲它乃是一份獻禮,就像三十年前的原型也是一份獻禮。看來西藏自治區成立十周年也罷、成立四十周年也罷,收到的禮物都是《農奴憤》啊。

3.

翻開這本《農奴憤》,特殊時代的藝術形象和特殊時代的政治話語撲面而來,使人置身於一種紅色意識形態化的語境之中。久違了!對於擁有那一段甚至更長的歷史記憶的許多人,是否會感覺揮之不去的荒誕呢?但對於沒有那些歷史記憶的年輕人呢?如果他們知道當年在拉薩展出時的轟動效應是這樣一番描述──「許多人仇恨滿腔,流著眼淚控訴說:看了泥塑就想起了在舊社會被三大領主折磨死去的親人,我們恨透了封建農奴制度,恨透了劉少奇、林彪、孔老二和達賴。」❶他們是覺得可疑、可笑還是根本就不往心裏去?

《農奴憤》的四個主題是四齣戲劇,每齣戲的發生情境其實都是黨的文藝工作

者們對「舊西藏」的一種想像。在此我摘錄其中三段解說。其一，「在那間陰暗的經堂裏，一夥披著袈裟的惡魔，以修寺廟為名，正要把一個孩子釘在箱子裏活活地埋在房基的角下！母親聽見孩子的哭喊聲急忙奔來，老木匠和支差的農奴也一齊趕來，衝向寺廟。」其二，「寺廟的高牆壓著農奴的白骨，宗教的外衣裏著殺人的刀槍。農奴主階級為了維護其反動統治，在寺廟的陰暗廊簷下與帝國主義分子勾結，陰謀分裂祖國。他們以出賣祖國領土為條件，換取大批槍支彈藥，用來鎮壓農奴的反抗。這個農奴

在北京舊書市場上買到的1976年出版的英文版《農奴憤》。

敢於蔑視神權，反抗寺廟，不肯為他們的罪惡勾當賣命；殺人不眨眼的『活佛』竟下令砍去他的手腳，要把他扔進油鍋！」其三，「在一個陰風慘烈、日月無光的日子，布達拉宮前高高的石階上，一個農奴女英雄昂然挺立。她曾經帶領農（牧）奴搗毀領主莊園，焚燒寺廟，震撼了農奴主階級的反動統治，後來不幸被捕。她面臨刀剮挖心的酷刑毫無懼色，嚴詞痛斥那些豺狼。憤怒的群眾從四面八方沖向刑場，怒濤洶湧，勢不可擋。」

說實話，我在電腦上打這些字的時候，我的耳邊響起的卻是一片笑聲，就像是在電影院裏看那些十分搞笑的電影時，被一段段無厘頭的臺詞激起的此起彼伏的笑聲。的確是時過境遷了，當年的豪言壯語在三十年後已經淪為「大話」，當年的慷慨激昂在三十年後已經淪為笑柄，當年的不實之詞在三十年後

❶ 美術文獻http://www.ndcnc.gov.cn/datalib/2003/NewPRCArtDoc/DL/DL-470139文獻名稱：《大型泥塑〈農奴憤〉在拉薩展出》日期：1975年9月

已被戳穿，當年的政治神話在三十年後已被嘲諷。既然如此餿味的一道菜，為何還會在三十年後回鍋一下，再端出來當作一份獻禮呢？

4.

書冊的編者在「出版說明」裏提到了另一個更為著名的大型泥塑〈收租院〉，稱〈農奴憤〉堪與〈收租院〉相媲美。誕生於1965年的〈收租院〉，30歲以上的中國人都知道，其原型是「惡霸地主」劉文彩和他在四川大邑的「地主莊園」。不但知道，而且還從電影、畫報、連環畫甚至小學生的課本上見到過，那一百多個用泥巴捏的窮苦農民、兇狠的狗腿子、喝人血吃人奶的劉文彩，簡直就是萬惡的舊社會。以至於，「全國上下到處都向劉文彩舉起憤怒聲討的拳頭，男女老少無不為劉文彩登峰造極的人間罪惡流下控訴的眼淚。」❷以至於，「革命現代泥塑〈收租院〉創作的成功，是毛主席革命文藝路線的偉大勝利！是無產階級文化大革命的又一豐碩成果！」❸

但我還從網上看到這樣的介紹：「1999年11月，西南師範大學出版社推出了笑蜀先生所著的《劉文彩真相》一書，該書澄清了加在劉文彩身上的眾多不實之詞，為我們還原了一個真實的劉文彩。作者在書中說：他無意替劉文彩做翻案文章，因為無論是從當時的標準，還是以現在的尺度來看，劉文彩都算不上什麼『好人』；但也絕不是後來被妖魔化的那樣壞。……同樣揭露真相的作品還有香港鳳凰台前一陣子熱播的專題片《大地主劉文彩》。據此片披露，劉文彩不但不是惡霸，還是對當地教育做出傑出貢獻的大好人。當年宣傳說劉在他的水牢內虐待長工，而事實上他家裏根本沒有水牢等等……」❹

我也讀過發出另一種聲音的《劉文彩真相》，當時的閱讀感受可以用啼笑皆非來形容。看來劉文彩從「劉善人」變成「劉惡霸」完全是出於政治宣傳的需要，而在泥塑〈收租院〉裏出現的許多栩栩如生的細節也都是憑空臆造。既然

如此，自認可與〈收租院〉媲美的〈農奴憤〉」會不會其實也如此呢？我能不能說那些技藝高超的藝術家們為我們塑造的西藏記憶也是虛構的甚至是虛假的呢？下言須得謹慎。畢竟事隔多年後的今天，西藏畫壇上的一位權威級畫家還這麼斷言：「〈農奴憤〉至少是部分地忠實紀錄與再現了封建農奴制度下的西藏社會面貌，是一組有著較高歷史認知度和藝術感染力的雕塑作品。」❺

5.

《農奴憤》的圖片是黑白的，一如對西藏非黑即白的處理。但包裝《農奴憤》的封面一角和封底是紅色的，一如「紅色」所象徵的專制話語權。是的，黨不必發言，黨用一種顏色就可以代表最強大的話語權。於是在這強大的話語權的控制、遮蔽和曲改下，西藏的傳統社會制度當然就是封建農奴制了，西藏人也當然不是三大領主就是農奴了。並且，以某一年為界，西藏被劃成了兩個西藏──「舊西藏」和「新西藏」；生活在這一轉型期的西藏人也就有了新舊之分。舊是不要的，新是需要的，那麼從舊人變成新人，得花多大力氣去改造、改裝甚至改節呢？其中又飽含著怎樣的撕心裂肺和分崩離析呢？而在如此對立的身份定義下，《農奴憤》作為階級教育的教材，也就成了西藏人的生存處境被權力者改寫的版本。

❷ 世紀中國系列論壇世紀學堂http://www.ccforum.org.cn/archiver/?fid-5-page-73.html《劉文彩，黃世仁，南霸天和周扒皮》（轉貼）

❸ 世紀線上中國藝術網http://cn.cl2000.com/feature/venice/venice1_00.shtml
《革命現代泥塑──〈收租院〉前言》

❹ 世紀中國系列論壇世紀學堂http://www.ccforum.org.cn/archiver/?fid-5-page-73.html《劉文彩，黃世仁，南霸天和周扒皮》（轉貼）

❺ 泥客中國http://www.nikerchina.com/nisudangan/zhongguonisudaquan/nisuchuangzuo.htm
《泥塑創作‧──〈農奴憤〉泥塑創作手記》文‧圖／韓書力

是的，改寫。黨的文藝工作者們，多少年來就這麼戲劇化地改寫著西藏，改畫著西藏，改唱著西藏，改舞著西藏，改拍著西藏，改塑著西藏。一如〈農奴憤〉正是在一種非常戲劇化的過程中，完成了黨的文藝工作者們對西藏的全部想像。歷史的真實，就在這樣一種紅色意識形態化的想像中被改變了。一代代西藏人的記憶，就在這樣一種紅色意識形態化的想像中被改變了。為此我不得不佩服懷著理想主義熱情傾盡全力改寫我們記憶的藝術家們，我更為佩服的是他們在毛澤東的精神原子彈的威力下爆發出忘我的創作激情，正如他們在談創作體會時所說：「初冬，光腳踩泥，用土坯搭爐燒炭，自己彎鋼筋，塑像的泥巴就用了三十五噸，連續緊張戰鬥了幾個月，沒過星期天。苦不苦？不！能夠執行毛主席革命文藝路線最幸福！為鞏固無產階級專政而戰鬥最幸福！」❻

事實上《農奴憤》裏有許多敘事是違背民間邏輯和歷史事實的。比如用鮮血在山崖上畫紅五星的農奴少女，比如惡狠狠地將哭喊的兒童強塞進箱子的喇嘛，比如披上袈裟躲藏在寺院裏的帝國主義分子，比如那位站在布達拉宮的石階上即將英勇就義的藏族劉胡蘭，等等。如果要從文化上批判西藏，最好別採用如此戲劇化的手法，可是一旦非要把藝術加工當作確鑿無疑的真相，只能表明這行使的無非是權力者的蠻橫手段。遺憾的是，這恰是黨的優良傳統，至今仍然在西藏發揚光大，因此在2005年的舞臺上，可以看到日日夜夜翹首盼望火車開到西藏來的廣大農牧民，可以聽到代表西藏人民的軍隊歌手聲情並茂地把青藏鐵路唱成──「那是一條神奇的天路哎……帶我們走進人間天堂。」（呵呵，天堂！）

6.

西藏自己卻是被動的。──說是「舊西藏」就是「舊西藏」，說是「新西藏」就是「新西藏」，而今呢？是「新新西藏」嗎？

7.

在北京舊書市場上買到的1968年出版的俄文版《收租院》。

不太久之前，西藏畫壇上的那位權威畫家還頗爲遺憾地懷舊說：「〈農奴憤〉完成面世不久，隨著文革之終結而處於冷藏狀態。所以，它鮮爲西藏以外的觀眾知曉，後來就連展覽館及其上峰單位對此也莫名其妙地諱莫如深，好像這組大型群雕根本就不曾產生與存在過一樣，好像領導們當年功勞簿上那濃墨重彩的這一筆竟蒸發得無影無蹤一般。……當日曆翻到上世紀末葉，爲迎辦某個重大慶典事宜，並服從拉薩市政擴建布達拉宮廣場的總體規劃，原處于布達拉宮宮牆東南端的西藏展覽館搬家遷走，遂包括泥塑〈農奴憤〉在內的許多不能與時俱進的展品也就理所當然地被毀之棄之了。……要知道，隨著搬遷被遺棄而又最不應被遺棄的正是那段記述著藏民族在20世紀前半葉沉重足跡的獨特歷史。」❼ 因此，畫冊《農奴憤》的復出，應該是令這位黨的文藝工作者感到欣慰的。

那麼泥塑〈農奴憤〉會不會也有復活之日呢？聽說北京的某位要員來藏視察時做出了應該恢復泥塑〈農奴憤〉的指示，聽說西藏的某些文化官員也正在

❻ 世紀藝術史研究http://www.cl2000.com/history/wenge/ziliao/18.shtml
《堅持美術革命，要和十七年文藝黑線對著幹──〈農奴憤〉創作組部分同志座談創作體會》

❼ 泥客中國http://www.nikerchina.com/nisudangan/zhongguonisudaquan/nisuchuangzuo.htm
《泥塑創作──〈農奴憤〉泥塑創作手記》文．圖／韓書力

竭力鼓動重新恢復泥塑〈農奴憤〉，其用心何在呢？是一如當年，繼續作為階級教育的教材來刷新當代西藏人的記憶嗎？還是將其設為如今時興的「紅色經典旅遊」的景點？還是出於對文革時代絕對專制的權力體系的緬懷？有一點很清楚，如果重又泥塑〈農奴憤〉，資金方面必定不是小數目，而在市場經濟的今天，這無疑是一塊肥肉，會有多少人欲分之啖之，乃可想而知。

不過我倒是贊成重塑〈農奴憤〉，當今天的人們重又目睹這些經不起歷史考驗的泥人，內心裡體味到的恐怕更多的是反諷，畢竟21世紀的文化語境大不同于文革時代的文化語境。但我也相信，不管花多少錢，出多少力，單從藝術本身來說，如今已不可能塑造得出當年那種確實具有感染力的藝術形象。既然已經沒有了當年的精神原子彈，也就沒有了當年的革命熱情，曾經燃燒在老一輩藝術家心中的愛與恨，化作了新一代藝術家心中的灰燼，僅靠金錢刺激，藝術創作力能與當年相匹敵嗎？藝術作品能與當年差不多嗎？如此贋品，只怕是一堆扶不上牆的爛泥啊。

2006年1月，拉薩

在西藏發生的攝影暴力

1.對一次攝影行為的記憶

火車還沒有開往拉薩之前,火車還沒有把打算拍下「到此一遊」的遊客源源不斷地送往布達拉宮之前,專業的不專業的「西藏照片」已經多如牛毛了。專業的不專業的攝影者們懷抱各式各樣的攝影器材,滿懷各式各樣的熱情奔走在有著另一種美麗的雪域大地上,捕捉著劈面相逢的瞬間渴望占為己有的異域鏡像。早在幾年前,在拉薩香火最旺的大昭寺,我對一次外來攝影行為引起爭吵的記憶尤深。

一方是兩個渾身攝影行頭的內地男子,另一方是本來正跟裏著絳紅色袈裟的僧人說話的兩個漢地女居士和兩個藏人女子。前者想獵奇,後者不讓拍,於是吵起來了。有意思的是那兩人竟然比遭到他們打擾的人更憤怒,非常熾盛的氣焰把他們的臉都燒紅了。為什麼不能拍?你們有什麼權利不許我們拍照?口氣咄咄,揮舞著相機就像揮舞著武器。而他們的理由是,寺院是公共場所,所以想拍什麼就拍什麼,這是我們的權利;而對方的理由是,寺院是朝聖之地,我們既不是公共人物,更不是展品。

權利的說法並不那麼簡單,言下之意分明傳達著權力者的自我感覺。而這種感覺或許來自他們的攝影身份,或許來自他們的自身品格,或許更是來自他們內心的帝國情結。我是這麼一眼看穿的。

2.說得好聽是佔有，說得難聽是掠奪

聽說過一位攝影師的故事，當年他自掏腰包走遍西藏的時候是個畫家。十多年前的西藏遠比今天的西藏原汁原味原生態，足以令眾多的藝術工作者爲之抓狂。不但吃苦耐勞的精神可嘉，尤其是，把節衣縮食的銀子付諸於並不便宜的膠捲、洗印更是令人感佩。但他還有一個愛好，走哪都要順手牽點什麼，比如大大小小的嘛呢石，比如羚羊角野犛牛頭骨，甚至從一個偏僻的小寺院裏將一尊小佛像揣入兜中。他聲稱這些都是他的素材。

其實不止他如此，有一位藝術工作者可謂較早到達如今已是旅遊景點的藏北「骷髏牆」，他憑著下鄉采風的名義，用不著買門票也用不著給看守人一點零錢，就從整體到局部盡情地拍了個夠。拍則拍矣，但他期望的是把這些骷髏照片賣個好價錢，卻被同行中的另一位高手藉口認識老外，於是連底片全都拿走，從此那人就變成第一個「發現」「骷髏牆」的人了。而我在一位1960年代進藏的作家家中，見過數百個看上去年代久遠的泥塑小佛像「擦擦」，這些從阿裏古格廢墟中找到的「擦擦」，背面還深深印著製作者拇指的紋路，如今都成了這位作家自稱的藏品……而這樣的行爲藝術不勝枚舉。

至於攝影也是這樣──「穿髒兮兮的皮袍子的藏胞，轉經的或辯經的人們，活佛與喇嘛，朝聖途中仆地前行的信徒，聖湖畔的瑪尼堆，天葬台與禿鷲，雪山與冰川，藏戲與雲朵……」，似乎不拍這些就不足以證明拍的是西藏。而拍這些時，廣大攝影師們又是怎麼去拍攝的呢？或者說，在攝影者與被攝影者之間，呈現的是一種什麼樣的關係呢？

3.當對方變成獵物

攝影者與被攝影者之間，應該建立的是一種人與人的關係，而不是獵人與獵

物的關係，但遺憾的是，常常會有很多人把手中的相機視為武器，把別人視為獵物，產生予取予求的衝動和動作。

雙方的態度十分耐人尋味。一些攝影者變得做作甚至古怪——說話怪裏怪氣，姿態怪模怪樣，以為如此就會讓對方就範，任其擺佈。而被攝影者，且不說其傳統中對攝影這種現代技術的抵觸，即使古老的忌諱早已消散，但在偏僻的鄉野依然古風猶存，為何對此就沒有一點點尊重呢？即使古風早已蕩然無存，如今許許多多土生土長的人們樂意把自己定格在相紙上，成為今後生活的紀念，但前提必然是願意而不是不願意，為何對此就沒有一點點尊重呢？

有人這樣回顧在進藏探險遊中一群男女攝影者的拍攝經歷：「1997年的藏北原野，那些純樸的牧民對著幾十架長槍短炮，臉上露出困惑的微笑。而特別

2006年8月的一天，一位西藏阿尼正在面向布達拉宮祈禱，兩個舉著相機的內地遊客（攝影師？攝影記者？攝影發燒友？）趕緊對準她「咔嚓」，甚至不顧交通規則。喇嘛尼瑪次仁恰巧路過，見狀也舉起相機拍下了這一幕。

活躍的這個女人，嘴裏不斷爆發出『哦～呀』的聲音，這種聲音與其說是讚賞和鼓勵，不如說是赤裸裸的挑逗，她用那種強烈的獵奇欲來挑逗鏡頭，難道這些進入鏡頭的牧民只是作爲鏡頭前罕見的珍稀物種存在嗎？」

事實上，攝影中的暴力就這麼發生了。

事實上，在西藏發生的攝影暴力比比皆是。

4.與高原反應相似的變態行為

何以一位在此處攝影時知道收斂或者自律的攝影師，但在別處攝影時卻變得肆無忌憚？何以在此處遵從的職責在別處卻毫無約束力？何以在此處爲對方所接受的權利在別處卻不給予另一個對方？爲什麼會是這樣？

當然那些內心裏從來既無公德也無私德以至在哪里都留下壞名聲的人，在此不必贅言。

這就不得不提到一個詞：文化帝國主義。而文化帝國主義就像外來者在海拔高拔之地容易出現的症候——高原反應，許多人只要到了邊疆，其心態的轉變就像高原反應立即發生，那是一種自我優越甚至傲慢的心態，哪怕被掩飾得很好，卻會在諸多行為中表露無疑。文化帝國主義，我自忖這是對在西藏發生的攝影暴力並不過分的注腳，非但不過分，甚至多少美言了。

類似的攝影暴力也同樣出現在其他媒介當中。或許人們認為重在結果的呈現，而不是過程中的反常，於是不僅原諒、忽略而且縱容。然而即便是在技術上十分完美的作品，看上去再現的是西藏，卻是借那種與高山反應相似的變態力量極其膚淺地再現了他們以為的西藏。而那些被攝影者往往是沈默的大多數，他們除了躲避或者表露拒絕乃至憤怒的表情往往是沒有聲音的，即使當場發出不滿的聲音，也因為語言不通而被當作另一種物種的私語。

但願我的坦率不會被誤解為一個民族主義者的表達。其實我知道當我這麼評說時存在一種風險，對此我只能辯解：如果前提不是基於對方的無助、被動和沈默，如果從一開始就尊重既特殊、差異又互相重疊與關聯的歷史經驗、生命體驗，難道就拍不出關於西藏的好照片嗎？

5.妖魔化或神聖化的西藏在被拍攝之後

歷來對於西藏抱有兩種最典型的態度：妖魔化或神聖化；尤其經由各類媒介的再現各有廣泛的影響，專業的和不專業的區別無非在於一個巧妙一個拙劣而已，但結果都一樣：使西藏失真，使西藏人失真。這就像當代卓越的批評大師愛德華‧薩依德評述西方媒體眼中的穆斯林世界：當伊斯蘭被報導了，

伊斯蘭也就被遮蔽了。

隨著現代交通工具的日益方便給西藏帶來的猶如過江之鯽的遊客，在專業和不專業的西藏攝影中出現的攝影暴力也愈發突出，換句話說，這是現代化的暴力加劇了攝影暴力。理所當然地，當地人曾經的沈默會逐漸地轉化成各種明顯反對的方式。有意思的是，這反倒招來了被反對的一方同樣激烈的反應：或勃然大怒，或痛心疾首，或失望透頂等等，卻少有冷靜的反思和自責。

是快速發展的商業化戕害了西藏人的心，使之變成動輒收費、斤斤計較的狡詐之徒？還是所有的包括文化帝國主義的強制行為早已損害了西藏人的尊嚴？事實上，西藏既不是人們想像中的淨土，也不是人們想像中的穢土；西藏和世界上任何一個地方一樣，是人所生活的土地。

當然也有很多好照片在傳播西藏的精神，西藏人的精神；其中有著我們完整的生活、情感和文化。我相信這首先是基於一種人道的立場上實現的。

所以，我在我的朋友、攝影師陳小波的部落格上關於西藏攝影到底怎樣拍的討論後面，看到這段跟貼倒是頗以為然：「為了拍照而去西藏，為了拍照而拍照，所謂攝影家或者攝影人也很可憐。最好的場面是西藏百姓自己有數位照相機，隨時記錄自己的生活，自己看自己，自己樂自己，有自己的發表影像權。等到西藏人人都是攝影人，一切就無所謂了。你拍我，我還拍你呢，誰稀罕誰？」

2006年9月17日，北京

「風沙逐漸逼近……」

1. 普姆講的故事

「普姆」是我的朋友，今年去藏東康地稻城縣亞丁一帶做生態環境方面的實地調查。亞丁，一個正在被趨之若鶩的旅遊景區，雖然不如九寨溝大名鼎鼎，但也可以說是越來越著名了。下面是普姆給我講的故事。

貢嘎南傑嶺寺與四川成都的某公司合作，在寺院裏開設了好幾家小商店，賣香、佛像、唐卡等。賣的香都是漢地做的那種香，有一種像碗口那麼粗，很長，跟棍子差不多，要兩百多元。賣香的四川人說這叫做高香，進廟要燒高香才靈。我們藏族人可沒這種說法。

遊客一進寺院，就會有穿著絳紅色藏袍的漢人男女迎上前，自稱是寺院的導遊，領著遊客在佛殿裏大講特講，據他們介紹，講的都是寺院的歷史。但他們的目的不在於介紹寺院的歷史，而是爲了向遊客們推銷各種據說是「活佛開過光的聖物」。只要是活佛開了光的，一支香就不是一支香了，一張印刷唐卡也立馬漲價。這些導遊還要把遊客引見給活佛，讓活佛摩頂，發吉祥結，還說活佛打卦算命非常靈驗，當然這都是要收費的。呵呵，這哪兒是導遊，明明是導購啊。

過去，寺院的僧人們一天不進大殿念經，就會被罰款。可是現在好多僧人都膽敢不去殿裏念經了，到處遊東遊西蕩，如果被寺院的主管抓住批評，就反駁說寺院已經變成商店了，想念經也念不下去，所以罰款也不交。

村裏的老鄉們說，現在連活佛都天天想著賺錢，我們也要想辦法賺錢。

村裏的老鄉們紛紛做起給遊客牽馬的生意。牽一天的馬可以掙一百多元，所以老鄉們都不願意種地放牧了。現在連六歲的小孩子也去給人牽馬，六十多歲的老人也去給人牽馬，可是在過去，老人和孩子是從不允許給人牽馬的。

外面的人來買地了。買了地要蓋飯館、蓋旅館。有一家人把八畝地全賣了。一畝地一萬元，八畝地八萬元，這家人從此除了八萬元現金，就再也沒地了。而這個八萬元，他們家的兒子考上了成都的大學，兩個月就花掉了一萬元，包括買了一個兩千塊錢的手機。照這個速度，這家人剩下的七萬元能夠支撐多久呢？地沒了，錢也花完了，這家人將來靠什麼呢？靠那個會花錢的兒子嗎？

如今來拉薩旅遊、淘金的人愈來愈多。帕廓老街上的老房子又被拆除，用來蓋旅遊商品商場。

亞丁的三座神山——「日松貢布」的山頂長年積雪覆蓋，可現在氣候變暖，加上到神山旅遊的遊客越來越多，積雪已在融化。傳說一旦積雪全部融化，居住在三座神山深處的三位菩薩，從山下的湖水裏看見自己的面容，就會飛回印度。而失去了三位菩薩的護佑，當地就會降臨災難，那就是末日了。所以，看見如今從外面來那麼多的人，鬧哄哄的，村裏的老人們都憂心忡忡，擔心雪化了，末日也就快到了。

2．Azara列舉的事例

Azara是一位人類學學者，他在論文《自然聖境的意義》中有這麼幾句話：「（自然聖境）是一個全新的自然保護名詞，泛指由原住民族和當地人公認的賦有精神和信仰文化意義的自然地域。……即使在當代，傳統的文化規範並沒有完全失效。這些傳統和規範，正是所謂『社區參與保護』的文化基礎和民間制度保障。……如果我們能恰當地運用『自然聖境』這樣的文化的手段，更多地考慮當地人民的傳統和生計，依靠他們的力量，便有可能以更加合理、更加開放、更加有效的方式，來保護我們與其他生物共有的家園。」前不久，在與Azara談到方興未艾的旅遊開發時，他講述了如下事例：

「九寨溝模式」如今被認為很成功，各地紛紛前來取經學習。「九寨溝模式」也是當地政府與內地公司合作的典範。內地公司是來開發的，承包之後讓當地變成了旅遊區，讓當地農民變成了旅遊區幹雜活的人，賣門票的賣門票，打掃垃圾的打掃垃圾，他們的生活由此全改變了。他們過去的生活方式，他們過去的風俗習慣，全都改變了。他們的神山不是他們的神山了，而是公司的神山了；他們的傳說不是他們的傳說了，而是公司的傳說

了，總之一切都變了。

西雙版納也是一個例子。傣家村寨被開發成旅遊景點了，村寨裏的村民都成了開發公司的工人了，只要遊客一來，立馬「潑水節」，立馬又拍手又蹺腳又擊鼓地表演起傣家歌舞，據說這就是傣族文化，可是天天「潑水節」的傣族文化是真正的屬於傣族人的文化嗎？一個民族的節日失去了節日原本所有的神聖感或紀念意義，那麼它還可能象徵這個民族嗎？

如今在藏區旅遊中出現的「藏家客棧」，一家人或者一個家族把自己的房子改修成客棧，然後所有的人忙著接待遊客，每天都在唱歌跳舞，每天都在喝酒吃肉，每天都在過節，每天都在改變自己的生活，而這一切都是為了掙錢。可是，藏文化就是「藏家客棧」所提供的嗎？

3. 到底是哪裡不對頭？

雲南有三十多個少數民族，雲南是個旅遊大省。雲南也是個產業大省。著名的煙，著名的酒，著名的藥，數不過來了。可是只要來到這些煙、酒、藥的基地，會發現一個個名聲響亮的公司都不是當地人開創的。開創公司的人都是外地人，背景顯赫或神秘，似乎已成為當地人的救世主，因為當地人畢竟有了就業的機會，掙錢多多的機會，這似乎很不錯，不管怎麼說，只要脫貧就是一大功績啊，那麼還有什麼可說的呢？可是，可是似乎有哪一點不太對頭。到底是哪里不對頭呢？說不清楚，但就是有不對頭的地方，尤其是，在吃飯喝酒的時候，看見那些美麗的彝族或哈尼族或阿細人或摩梭人的青年男女，穿著舞臺上被改造過的民族服裝，亮開嗓門，拍手甩腳，唱著一首又一首民歌，跳著一支又一支舞蹈，我無法不想到，他們就跟三陪一樣。

我們西藏呢？不也越來越這樣了嗎？

4. W在杜拜見到的情景

W去年2月去杜拜,在一極其繁華的商場遇見一個場景,幾個頭上插著羽毛、臉上塗著花花綠綠色彩的印第安人,站在閃亮電梯的一角,演唱著印第安人的歌曲。他們唱得很賣力,可是在來來往往的人們眼中,他們就跟那些琳琅滿目的商品一樣,甚至還不如那些商品,因為他們不具有實用性,所以人們只是多看他們幾眼或者灌一耳朵的歌曲,並不會把他們當回事兒。

所以W的結論是,少數民族的命運就是給主流文化伴唱伴舞而已。W的一位滿族朋友說得更幽默:少數民族不就是那菜裡的味精嗎?

5. 席慕容的演講

從鳳凰衛視上看見席慕容的演講,題目是「民族・族群・文化」。席念誦的新詩《蒙文課》很不錯,上網下載,感念於其中的這幾段:

鄂慕格尼訥是悲傷　巴雅絲納是欣喜
海日楞是去愛　嘉嫩是去恨
如果你們是有悲有喜有血有肉的生命
我們難道就不是
有歌有淚有渴望也有夢想的靈魂
(當你獨自前來 我們也許 可以成為一生的摯友 為什麼 當你隱入群體 我們卻必須世代為敵?)

騰格里是蒼天　以赫奧仁是大地
呼德諾得格　專指這高原上的草場
我們先祖獨有的疆域
在這裡人與自然彼此善待　曾經
在上蒼最深的愛是碧綠的生命之海
俄斯塔荷是消滅　蘇諾格呼是毀壞
尼勒布蘇是淚　一切的美好成灰

（當你獨自前來　這草原可以是你一生的狂喜　為什麼 當你隱入群體
卻成為草原的夢魘和仇敵？）

但席慕容與學生們對話時，其中的一個回答似乎不恰當，那是一個有異族血
統的女學生問及面臨多元化的處境時，個人如何確立內心的傾向。這應該不
是興趣的問題，根本就是認同的問題。「民族認同」與「多元化的學習」並
不一樣，是兩個方面的兩個問題，因此席慕容的回答──漢文化不得了，阿
拉伯文化不得了，都應該學習──並不可能解除那位女學生內心的焦慮。

或許正如她自己所說，說話說不清，於是用詩歌來表達。在這位蒙古女人的
《蒙文課》中，我看見了她因家園被改造、被「開發」帶來的傷害而難抑的悲
傷：

風沙逐漸逼近　徵象已經如此顯明
你為什麼依舊不肯相信
在戈壁之南　終必會有千年的乾旱
尼勒布蘇無盡的淚
一切的美好　成灰

西藏的神山聖湖紛紛被開發成旅遊景點，住在這裡的藏人不甘被遊客當成景物拍攝，也知道了拍照是要付錢的。這個在納木措遇見的小男孩，抱著他的小羊圍著遊客轉，會說的漢語只有一句：「十塊錢」。

6.瑪尼干戈的氂牛肉加工廠

今年夏天傳出消息，藏東德格的瑪尼干戈有一個內地公司開的氂牛肉加工廠被當地藏人一把火給燒了。這是怎麼回事呢？網上說這是因爲大肆屠宰氂牛的方式與藏人的傳統習俗背離，導致衝突發生。僅僅如此嗎？不久見到一位在本地工作的朋友，才知曉內幕遠非那麼簡單。

文化衝突是其一。朋友說他見過那種現代工業化的屠宰方式。工人只是用手指按一下某個樞紐，兩扇原本張開的金屬架子猛地合攏過來，就能把一頭龐大的氂牛緊緊地卡住，令它動彈不得；工人再用手指按一下某個樞紐，被夾住的氂牛便陡然被升上半空，再翻過身來。接著就是機器操作屠宰過程，非常迅速地，一頭完整的活著的氂牛就被肢解成了肉是肉、骨頭是骨頭。朋友說，他親眼看見那頭氂牛被倒掛之時，一顆顆碩大的淚珠從氂牛眼睛裏滾滾而下。

西藏人並不是不殺氂牛，但殺得很有限，從未像加工氂牛肉的工廠每天都要殺許多。當地藏人看著從工廠流出的血水染紅了草地，聞著從工廠飄來的血腥味彌漫了四周，內心當然不忍。

然而還有更不能接受的是，這麼多從當地收購的氂牛其價格事實上並不公平。但是開工廠的公司與當地官員達成協定，而官員責令老百姓以很低的價格交出氂牛，這其中有無名堂任誰都能一眼看穿。當老百姓不願意如此出賣氂牛時，工廠甚至從貪錢人手中收購放生的氂牛，於是早已積壓的怨憤便化作了大火，燒掉了這個氂牛肉加工廠。當然，這一層原因是官員們必須緊緊捂住的，寧可歸結于文化的衝突。

7. 公司和政府是雙頭怪物

公司就像一頭怪物，不，除了公司，還有一頭更兇猛的怪物是政府，或者說，這是一種長著兩個腦袋的怪物。這個雙頭怪物打著「開發」的旗幟，就這麼轟隆隆地開進了西藏，開進了許多少數民族的家園。

如此轟轟烈烈的諸多的旅遊開發可能給我們的家園帶來什麼呢？我想包括我在內的很多人的擔憂是，帶來的會不會是當地人權益的喪失呢？而權益的喪失包括什麼呢？又是通過什麼樣的形式表現出來的呢？

大概可以舉例的有：

1）生產資源如土地、牲畜的喪失；

2）生活方式如傳統、習俗的喪失；

3）文化如命名權的喪失；

4）自我如內心的喪失；

5）乃至家園的喪失；

……

2005年12月30日，拉薩

火車來了，鐵龍來了

1. 鐵龍／日裏／美廓爾來了

火車向著拉薩跑了。

西藏千年前的預言中，出現過「鐵馬」與「鐵鳥」，結果都在20世紀有了對應之物——汽車與飛機。預言是樂觀的，所謂「鐵馬奔馳，鐵鳥飛翔，藏人如螻蟻星散各地，佛法傳向紅人的領域……」那麼，火車呢？像什麼？一條蜿蜒伸入的龍嗎？它又預示著什麼呢？

西藏畫家羅布次仁的作品〈火車來了〉。

一位流亡藏人學者把他關於西藏當代歷史研究的著作命名爲《龍在雪域》[1]，這是因爲眾所周知，「龍」乃中國的象徵，「雪域」自然是青藏高原。「龍」若只是肉體凡胎不足爲奇，可「龍」要變成鋼筋鐵骨，那就意味深長了。

藏語裏的「火車」有兩種稱呼，一是「日裏」，烏爾都語，藏人會說這是「加嘎蓋」（印度話）；二是「美廓爾」，藏語的意譯，但遠不如「日裏」普遍。這兩個名字出現的時間不算長，數十年之內吧，一直以來默默無聞，卻在這五年裡如雷貫耳，終於，就在火車正式奔向拉薩的前幾天，西藏自治區藏語文工作委員會拍板，火車從此大名「美廓爾」（而非「日裏」，這是否意味著中國的鐵龍，怎能用印度的方言在西藏傳播？）。

2.1995年寫的詩

應該寫點什麼了。當已經有那麼多「雪域之外的人們」（歌曲〈嚮往神鷹〉）在民族主義地亢奮著、國家至上地鼓噪著，除了一些長著藏人面孔的這個官員那個專家以及群眾代表亦在憶苦思甜地自賤著、感激涕零地逢迎著，一條條鐵龍嘶鳴著，沿著1956公里並且自詡是「一條神奇的天路」（歌曲〈天路〉）闖入終點站——拉薩的時候，事實上，絕大多數藏人的內心被掛滿了整座拉薩全城的五星紅旗、橫幅標語和彩色氣球給遮蔽了。當然，絕大多數藏人也就被消音了，早就被消音了。

那個喜氣洋洋啊！中國內陸已經少見的紅海洋把中央電視臺和鳳凰電視臺的記者激動得幾乎尖叫：藏族人民多麼愛國呀！是啊是啊，在北京觀看現場直

---

[1] 《The Dragon in the land of Shows》（譯爲中文即《龍在雪域——一九四七年以來的西藏現代史》），夏加次仁著。

播的我只想說一句話：不愛國的話是要罰款的，你們的明白？！整個中國，恐怕惟有西藏自治區實施著這項土政策，所以一位內地人大為不解：我們的不明白，你能不能說個明白？

一位生活在拉薩的藏人耐心地替我回答：過春節家家要求掛紅旗，過藏曆年家家要求掛紅旗，「五一」家家要求掛紅旗，「十一」家家要求掛紅旗，遇到任何一個「重大日子」都要求掛紅旗……帕廓如此，拉薩所有的居委會都如此。如果是自發願意那沒什麼可說，可是逼著你掛，不掛輕者罰款，重者扣上「分裂分子」的帽子，那種彆扭不知道該怎麼形容……

應該寫點什麼了。我卻想起多年前寫的一首詩。那是1995年的冬天，那時我是西藏自治區文聯的編輯，那個下午傳達自治區黨委的文件，宣佈第十世班禪喇嘛的轉世靈童已經由無神論的黨任命了，而由西藏宗教的精神領袖達賴喇嘛認證的十一世班禪喇嘛卻被輕蔑地否決了。坐在體制當中的我身心冰涼，為親眼所見、親耳所聞的謊言憤怒，當場寫下：「聽哪，大謊就要彌天／林中的小鳥就要落下兩隻／他說：西藏，西藏，正在幸福……」

沒有一天不在強調「幸福」。自1950年或者更準確地說是1959年以降，西藏人民從此就過上了幸福的生活。但這個「幸福」不是從天上掉下來的，也不是從地裏冒出來的，更不是「舊西藏」的「三座大山」所賜予的，而是，也只能是，黨給我們帶來的，所以即使在全藏六千多座寺院被砸得寥寥無幾的文革當中，也有打扮成藏人模樣的張姓、耿姓二歌手用藏人口吻放歌：「感謝他（毛主席）給我們帶了幸福來」；所以即使在自家門前不掛一面五星紅旗就有可能遭致懲罰的今天，也有一幅幅橫貫拉薩各條街道的紅色標語醒目地書寫：「青藏鐵路是西藏各族人民的幸福線」。西藏領導人的粉飾之術可謂做到了微乎其微，連看守公共廁所的人都領到了短時期的工資卡，不必讓外來的記者們發現這之前大小便要交錢的事實。

3.青蛙與念青唐拉

被消音的藏人，是如何敘述這不請自來的鐵龍，這又一個硬要塞到手中的「幸福」？

2004年，修建中的青藏鐵路已經鋪過了唐古喇山，鋪過了藏北草原，正在鋪向拉薩。一個新的民間故事悄無聲息地在拉薩流傳開來，帶有強烈的西藏民間文學的色彩：口耳相傳，神乎其神。據說在距離拉薩很近的當雄，建設鐵路的工人們從地下挖到了一個青蛙，而這受了重傷的青蛙很大，且在不脛而走的傳說中越來越大，最早的版本是被一輛木板車拖走，到後來已被說成是被一輛巨型卡車拖走。拉薩的甜茶館、人家裏都在悄悄地講述大青蛙的故事，感喟之下傳遞著一片憂慮。

挖到一個青蛙至於如此憂心忡忡嗎？外人不會理解其中深意。而在有著古老的苯教傳統的西藏文化裏，青蛙的隱喻非常深厚，與眾多的生活在水土裏、岩石裏、樹林裏的動物，如蛇、魚等等，被視爲兼具好運與厄運的精靈，藏語統稱爲「魯」，漢語勉強被譯爲「龍」（很有意思的巧合啊）。因爲「魯」的神力非凡，苯教裏有很多專門關於「魯」的經典和儀軌，以供奉之。後來當佛教引入藏地，尤其是在以降妖伏魔著稱於世的密教大師蓮花生大士入藏以後，各種各樣的「魯」終被收伏，皈依佛法，成爲具有濃郁特色的藏傳佛教中的護法神或地方保護神，「魯」於是在西藏的萬神殿中佔據著舉足輕重的一席之位。

所以，作爲「魯」的其中一個化身，青蛙在西藏文化中隱含著超越動物學意義的功能。那麼，當火車要來了，原本深居在西藏土地中的「魯」被挖得遍體鱗傷，血肉模糊地運往無人可知的地方，也即是說，當鐵龍要來了，西藏自己的「龍」就這樣完全沒有抵禦能力地遭到了重創，這個永遠不知道是誰創作的西藏當代民間故事實在是太微妙了，太絕妙了，傳達的是西藏人因此

挫敗的黯然內心。

時代的步伐很快邁進了2006年，鐵龍其實已經駕臨，是那種運載貨物的簡陋列車，聲響不大，外來者尚未魚貫而入，不足以掀起今天席捲了無數媒體的風暴。但是在農曆春節期間發生了一個事故，一列貨車在行駛至高架於當雄草原的橋上突然出軌，據稱一頭栽出橋外，並有人員傷亡。對此當局高度緊張，封鎖現場，並且令媒體一概噤聲。於是又一個新的民間故事悄無聲息地在拉薩流傳開來，同樣帶有強烈的西藏民間文學的色彩：口耳相傳，神乎其神。

在一位拉薩老人的敘述裏，原本安穩行駛的火車之所以遭此意外，恰恰是因途經念青唐古喇山而致。何以一座山會成了肇事者？這同樣與西藏的傳統文化相關。根據西藏的民間信仰，念青唐古喇山其實是諸多「贊日」（山神）中守護藏北羌塘的山神「念青唐拉」，有著呼風喚雨、下雪降雹甚至主宰生物的興衰繁減、凡人的安危生死等神力。通常山神比其他神靈更容易觸怒，但凡由此經過，須得懷有敬畏之心，尤其忌諱喧嘩吵鬧，否則會招來災禍。老人神秘地對我低語：「贊日」發怒了，所以走得好好的「日裏」翻車了。

就這樣，西藏人以自己受傷的文化多少安慰了自己受挫的心。

4．一個美國人的被抄來抄去的話

關於青藏鐵路的偉大勝利，似乎只有中國人自己高調讚美是遠遠不夠的，於是好不容易找到的一個美國人說的一句話成了諸多中文媒體紛紛轉載的權威證詞。據說他是喜歡坐著火車到處旅行的驢友，名叫保羅·塞羅克斯，曾在坐著火車漫遊中國的書中寫過：「有昆侖山脈在，鐵路就永遠到不了拉薩。」

網上的一篇貼文指出，「凡有關青藏鐵路建成通車的報導，幾乎都要把這個

精彩橋段拿出來用一用」，但該文披露，值得注意的不是這個「精彩橋段」，而是被大多數報刊在引用時省略掉的後半句：「這說不定是件好事。我以為自己喜歡鐵路；但是，看見西藏，我才意識到我遠遠更愛荒野。」而這也是這美國人說的。

所謂的「這說不定是件好事」，誰都應該明白指的是西藏不通火車這件事，那麼西藏若是通了火車呢，會是好事還是壞事還是不好也不壞的事？總之那後面的話失蹤了，不約而同地失蹤了，或者是，第一個文抄公先掐掉了一看就不緊跟大好形勢的後半句，於是接下來的文抄公們也就將錯就錯。

那篇貼文戲言：「這個抄來抄去的小公案，說不定還有什麼失蹤的鏈條，也未可知。」

5.內地人的狂歡／嬤啦的淚

似乎誰都在說去西藏。在興高采烈的諸多媒體鋪天蓋地的煽乎下，中國民眾集體爆發出對西藏的強烈興趣。過去因為路途遙遠、費用昂貴而抑制了到此一遊的念頭，如今被（北京—拉薩）區區四十八個小時和389－813－1262元的票價激發得不能自己，用我一個曾在西藏拍攝紀錄片的漢族朋友的話來說，北京街上，連開「黑車」（沒有營業執照卻私自經營的計程車）的司機都鬧著要去西藏。

青藏鐵路正式通車之後的半個月，電視和廣播宣佈，已有5萬人抵達拉薩。半個月就來了5萬人，這要是放在北京當然不起眼，可以忽略不計。可是拉薩的人口總數，據2000年中國第五次人口普查公佈是47.45萬人，相對於北京同時期的總人口1381.9萬人，差不多是1：28的比例。換句話說，半個月之內抵達拉薩的5萬人，相當於半個月之內有140萬人抵達北京。似乎140萬人也算不得

什麼，當年毛澤東在天安門廣場一次接見紅衛兵就是百萬人，也沒把北京搞垮。可是拉薩不一樣，所謂的47.45萬人包括了周邊七個縣，就市區常住人口且不包括流動人口而言，官方的資料是14、15萬人，可想而知，半個月內，5萬人的湧入會對一個14、15萬人的市區帶來多大的干擾，連官方媒體都不得不承認拉薩已經「人滿為患」。一個「患」字，道出了該地嘗到的苦頭，以及本地人的內心憂慮。

我的一位同族朋友的「嬤啦」（外婆）有著很虔誠的信仰，雖然年紀老邁，腿腳不便，但每逢佛教節日都要去大昭寺朝拜禮佛。按照習慣，大昭寺通常上午和傍晚是香客朝佛時間，下午是遊客參觀時間，隨著遊客逐年增多，尤其是鐵路通車之後，寺院不得不讓川流不息的遊客從早到晚地參觀，這就造成了遊客與香客擁擠成一團，況且遊客既不排隊，又大聲喧嘩，往往使尋求精神慰藉的朝佛香客備受困擾，寸步難行的嬤啦只好高舉著被擠得快要熄滅的酥油燈，忍不住喊出：「加米囊內塔給米度」（從漢人堆裏出不來了），眼裏一下湧上淚水；回家後想到將來有可能再也不能去大昭寺朝佛，更是以淚洗面。

5萬人來了，拉薩人說，那是5萬個「吱吱」（老鼠）。接著還會來更多的「吱吱」，旅遊業預測今年將有250萬人湧入西藏，拉薩市一個姓許的副市長對此聲稱，遊客增加不會破壞西藏的環境生態和文化。還說布達拉宮壓縮了參觀時間，但接待人數會增加一倍。言下之意只要縮短兩個小時，每天2300人上下布達拉宮，並無妨礙。說出這樣的話真是毫無常識！有著悠久歷史的布達拉宮在經過1959年解放軍的大炮轟擊，以及文革「深挖洞、廣積糧」時期在山底下大挖防空洞之後，早已是內傷嚴重，即使以後時有維修但畢竟元氣受損，如今如此大流量的遊客上上下下，很難排除哪一天轟然倒塌的可怕想像。事實上2002年夏天，由於布達拉宮部分牆體突然坍塌，當局承認巨大的人員流動量已經使布達拉宮不堪負重。

截至目前，青藏鐵路的各種效應尚未立即顯示，比如藏人的被邊緣化，西藏資源的被剝奪等等，僅僅單就源源不斷的遊客這一項就夠拉薩受的，即使他們只是來西藏轉一圈就走，也足以構成黃禍。網上有人感慨：「『331元（成都至拉薩的硬座票價），天路帶你遊拉薩』。只需要331元就能加速毀滅，多廉價啊。願神靈保佑這片神聖的土地。」可是在今天，連我們的神靈都受了重傷，又怎能保佑這片屬於我們的家園？！

6.給你一塊糖，你就得感激

前不久在西藏舉辦了一次大型公益活動，一群人代表媒體、公司、贊助商到珠穆朗瑪峰周邊清掃白色垃圾、向附近學校、農村贈送教學和生活用品，看上去屬於高尚的「援藏」活動，卻被披露乃是一種「商業秀」，名為社會捐贈，實為舉著「西藏」招牌賺錢的商業活動。其中有一個細節令人痛心，據一位媒體記者報導：「（主辦方）在一個小學給每個孩子發了一塊巧克力，就要學生們高舉雙手揮舞這塊巧克力攝影、照相，時間長達五分鐘，作秀得實在太過火了。真不知道孩子們心裏會怎麼想。」

而看到這個細節的我，腦海裏浮現的是幾年前的中國被禁電影《鬼子來了》的一個情節：一隊騎著高頭大馬的日本兵在軍樂隊的伴奏下雄糾糾地從村口走過，一群天真爛漫的中國小孩子坐在村口的土牆上樂呵呵地看著，領頭的日軍小隊長微微屈身，非常慈善地給每個小孩子分發了一塊糖，而孩子們舉著糖又是歡呼又是雀躍。一塊糖就這樣滿足了施予者屈尊降貴的慷慨行為，也滿足了被施予者對物質刺激的甜蜜口感。

當然，我無意拿這個電影去影射什麼。只是因為一塊糖，純屬巧合。只是不知道，在西藏，以後還會發生多少次類似一塊糖的巧合。

7 . 自治權與犧牲

薩依德在評說吉卜林的小說時，認爲吉卜林把印度人說成是顯然需要英國監護的生物：「這種監護的一個方面是在敘述中把印度包圍起來，然後加以同化。因爲沒有英國，印度就會因爲自身的腐敗與落後而消亡。」這顯然是一種功利主義者的觀點，同樣在對待西藏的態度中盛行。似乎是，西藏人也是需要監護的生物。這樣的生物是可憐巴巴的，就像是時刻處在等待解放和等待餵養的狀態之中。更爲可悲的是，西藏人現在確實變成了某種畸形的生物，猶如如今在西藏隨處可見的塑膠大棚裏的果蔬花草，一旦離開了塑膠大棚的庇護，就會水土不服而氣絕。儘管從來就生活在自己的土地上，但就因爲全身已被籠罩在外來的人爲的氣候中，已經無法適應自己的土地了，既然在自己的土地上變成了他者，那麼也就只有任其如此了。

於是乎，一個個大而無當的廣場建起來了，一幢幢瓷磚＋藍玻璃的大廈蓋起來了，一條條不是江蘇路就是廣州路的街道也被命名了，一間間賣春場所裏一群群妓女竟然白日裏就敢拉客了，甚至哪怕是傳統的飲食禁忌，也在烹食活魚活蝦的魚莊和賣驢肉的飯館裏不堪一擊了。薩依德在《文化與帝國主義》中指出：「帝國主義……是一種地理暴力的行爲」，其中一種表現即是「無論走到哪里，都立即開始改變當地的住所。……這個過程是無盡無休的。許許多多植物、動物和莊稼以及建築方式逐漸把殖民地改變成一個新的地方，包括新的疾病、環境的不平衡和被壓服的土著悲慘的流離失所。生態的改變也帶來了政治制度的改變。

……改變了的生態環境使人民脫離了他們真正的傳統、生活方式和政治組織。」

官員以及官方的喉舌們以救世主或者代言人的口吻說，我們希望西藏人民也有享受現代化的權利；傳統與現代化，一個都不能少。聽上去很有道理，可是請別忘了，沒有權力，哪來權利？！沒有權力，遑論傳統！何況什麼才是現代化呢？難道西藏人民需要享受上述的那種現代化嗎？那不正是實質上裹著一層糖衣的暴力行為嗎？御用學者們還斷言，所謂鐵路開通將對西藏的自然環境和傳統文化造成衝擊乃是一個偽命題，現實卻證明目前西藏的現代化正是一種偽現代化。但遺憾的是，無論硬暴力、軟暴力、不硬亦不軟的暴力，都打著「發展」的旗號，以現代化的名義在西藏的大地上蓬蓬勃勃，撞擊著人們的感官，改變著人們的內心，而這就是賜給西藏人民的幸福嗎？

火車來了。鐵龍來了。日裏／美廓爾來了。然而西藏的問題並不是一條鐵路的問題，只要實現了真正意義上的自治，別說一條鐵路，就是村村通鐵路，那都沒話可說。可是沒有自治權，就只能任由別人宰製自己的命運，就只能任由某種混亂日益加劇，而這種混亂也只能導致向強權者日益屈從的趨勢。與此同時，日益屈從的還有許多人的良心，以至最後的結果是不幸的，正如薩依德所言：「對犧牲者來說，帝國主義提供的是這樣的選擇：或者效力，或者毀滅。」——是的，再無更多的選擇，對於沒有自治權的西藏人而言，無論效力還是毀滅，踏上的並不是「一條神奇的天路」，也不是拉薩人戲謔的「一條神經病的路」，而是一條淪為犧牲的不歸之路。

2006年7月21日，北京

囊帕拉：雪紅雪白

1.

2006年「十一」（10月1日即國慶）之前，天安門廣場上出現了布達拉宮和珠穆朗瑪的模型，我與一個同族朋友特意去看。黃昏將至，遊人不少，紛紛高舉手機或數位相機，留下彷彿去過西藏的合影。微型化的布達拉宮和珠穆朗瑪其實很難看，與同樣微型化的三峽大壩以及五個肥碩的奧運福娃，被鮮花和綠樹簇擁著，擺放在天安門廣場的兩邊，構成迎「國慶」的盛世氣象。這氣象中暗含著國家權力的頤指氣使，就像站在模型前背著手、拉著臉的員警，我一眼看穿，卻又無奈，只好也合影一張，以示紀念。對了，還有一列滿載花朵的假火車俯衝而來，這是這個國家最近取得的又一個輝煌成就，怎能不以如此咄咄的氣勢向世人炫耀？小販及時地兜售著小面五星紅旗，年輕人一手揮舞著它一手比劃著「V」。

但是，9月30日上午，在西藏，在真實的而不是模型景觀的珠穆朗瑪（確切地說，是在緊挨著珠穆朗瑪的另一座山峰卓奧友與尼泊爾交界的山口——囊帕拉，又譯為「朗喀巴」），中國邊防軍警的槍聲擊碎了冰雪世界的寧靜。

在槍聲中，75個正在翻越囊帕拉山口逃往尼泊爾的西藏平民，一人當場身亡；一人倒下，是死是活至今不明。在槍聲後，一些人被抓捕，一些人不知去向，一些人後來逃到了目的地——流亡藏人的中心：印度西北部的達蘭薩拉。這就是獻給業已主權在握的中華人民共和國的生日禮物嗎？而囊帕拉，只是在茫茫喜馬拉雅群山中延綿起伏的無數山口之一，從此使珠穆朗瑪如雷貫耳的名聲失去了地理學的意義，當然，這只是對於這個世界上相當少數的

人而言，太多太多的人包括舉槍射擊的軍人，又怎會記得囊帕拉的雪紅雪白？甚至根本就無所謂囊帕拉的雪紅雪白！

2.

五天後才從網上獲悉這次槍殺事件，是BBC的報導。幾乎同時，網友山子從美國發來的E-mail也轉告了此事。非常難過。一些記憶浮上心頭，於是回信：

說到BBC的報導，只不過這次是被公開了而已。事實上邊防軍人打死的早就不止兩個博日（藏人，又稱「博巴」）了。

幾年前跟內地一電視臺的攝製組去珠峰，路過定日邊防檢查站時，一個小軍官用四川話得意地說，他這裏就是逃跑藏族的鬼門關。

還見過一個年輕的康巴，不愛說話，是個蛇頭，帶過許多藏人坐車徒步到尼泊爾。當然他會從中收錢，據說一趟最多時收過數萬，人越多收得越多。我認識的另一個年輕的康巴就從康到了拉薩，跟著他一起掙這個錢，但在一個夜裏神色慌張地跑來找我，說是那個康巴蛇頭把一車的博日給出賣了，他們的車快到定日檢查站時，按照計畫都要下車繞道而過再上車，卻發現中國的邊防軍已經攔在路中間，電筒光亂晃，一車人趕緊提前跳車逃跑，兵們開著槍衝過來，到底死傷人沒有也不知道，反正他逃回了拉薩，然後在帕廓街頭和車站一帶看見車上一些逃脫的博日一副找人的著急樣子，他分析蛇頭康巴騙了博日們的錢，而博日們是在尋找蛇頭康巴和他，他們以為他倆聯手騙了他們的錢，所以要報仇，而他不但一分錢沒掙著，還差點丟了命，只能趕緊借錢買機票逃回康地老家……

山子很快回信，他的震驚使得多少見慣不驚的我開始從另一個角度重新審視。這是旁觀者的角度，卻不是袖手旁觀的那種人，而是因了一顆良心才會感同身受的那種人。有時候，身在其中的人們反而會被太多的類似的遭遇麻木了心智，或震懾住了，逐漸地習以爲常。信中，他這樣寫到：

我才發現我有嚴重誤解。因為我原本知道每年有數以百計、千計的博日去印度朝聖、求學，在路上凍傷、截肢甚至死亡的故事——那是由於嚴酷的天氣和稀薄空氣。我以為，邊防軍睜一眼閉一眼，隨他們去，讓上路的西藏人聽天由命，至少不會使用致命武器。想不到原來可以開槍。

我錯了。中國又開槍了。中國軍隊又對著人民射擊了。

六四的傷口，是一輩子不會痊癒的。我今天才知道，對於藏人，每一天都是六四。

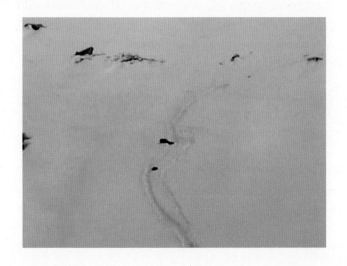

的確如此，「對於藏人，每一天都是六四」。更要說明的是，對於許許多多普普通通從不知道「六四」的藏人，每一年都是西藏的「阿居阿古」（1959）。發生在1959年的事情，藏人是永遠不會忘記的。

3.

在中國長大又在美國學習的山子不是藏人，卻一直讓我覺得就是真正的藏人。為了讓更多的人瞭解真相，他將英文報紙和網路上關於中國軍警槍殺藏人的報導翻譯成中文，用mail發送或貼在網上，還為此專門建立了一個部落格，名字就是「雪紅雪白」（http://my.opera.com/uponsnow/blog）。

正是這些翻譯，讓我驚訝地得知披露真相的人不只是逃亡藏人，更重要的證人是當時聚集在卓奧友先頭大本營的各國登山者，他們耳聞目睹了這一切並拍攝了這一切。正如登山者在驚訝之中眼睜睜地看著中國的邊防軍警「像殺老鼠、殺兔子、殺狗」那樣射殺藏人，我更驚訝的是射擊者肆無忌憚的態度，難道就不在乎這些登山者將會在不久爆料，向全世界揭露他們的血腥暴行嗎？

一位美國登山者從卓奧友發給國際登山人網站的電子郵件中寫到：「目睹隊伍在雪地上蜿蜒逃命，槍聲四起，我們注意到兩個人形仆倒。望遠鏡下就清楚了：兩人倒下，沒有再起來。」

一位英國登山隊嚮導說，在先頭大本營有多達60名登山者目睹了這一事件，「看到中國士兵非常靠近大本營，跪姿，瞄準藏人射擊，一遍又一遍，而那些藏人完全是手無寸鐵。」

羅馬尼亞登山者 Alex Gavan 說：「他們是男人、女人和孩子，甚至沒有像樣的多裝。……他們看來被人告發後，遭中國軍人冷血謀殺。這些就發生在許

多登山隊員面前。死去的人就被埋在冰川上，沒有留下任何紀念標誌。」

英國登山者 Steve Lawes說，「我們在開槍的中國士兵300碼開外。……士兵們平端步槍，瞄準，向人群開火。……我們有一架望遠鏡，但是被士兵拿走了，後來他們用望遠鏡來觀察屍體。」大約開火後半個小時，一隊兒童10到12個，看上去6歲到10歲的樣子，被三個手持衝鋒步槍的士兵押到大本營。Lawes 說：「孩子們排成單行，離我大概6英尺。他們沒有看到我們——他們不像一般這個年齡的孩子那樣左顧右盼，他們嚇壞了。那個時候，先頭大本營已經佈滿士兵，基本上被他們接管了，空氣令人恐怖。我們盡力不做任何事以免引發更多暴力。」

挪威登山者 Geir Lysfjord 說，當時他正在大本營吃早飯，親眼目睹大約1000米開外，中國軍人瞄準藏人後開槍，打倒了一人。之後，25名中國軍人帶著自動武器進入了大本營，氣氛恐怖壓抑。他們到處搜捕藏人，帶走了11名孩子。

山子的翻譯很快出現在海外的中文網站上，由此可以想像在中文網路激起的反應。這期間，我離開北京，開始了去西藏東部的旅行，在西藏傳統地理上，那裏稱作「康」，是我的成長之地。一路上，我和山子儘量保持著網路聯繫，我希望更多地知道被我稱為「囊帕拉事件」的情況。

4.

從北京到康，成都是中轉站，於是在成都的一個喧嘩的網吧，在埋頭狂打遊戲的半大少年、歡快地語音聊天或沉醉在槍戰片、色情圖像的年輕人的包圍中，我打開「雪紅雪白」上的視頻，正是登山者在現場對中國軍警槍殺藏人的影像記錄。雪山。雪白。槍聲刺耳。被槍殺的藏人的血，紅得發黑。舉槍射擊的中國軍警，果然那麼肆無忌憚。我默默地流著淚，默默地感謝冒著風

險記錄這場屠殺的登山者。幾天後，在康地的達折多（藏人對康定的稱呼），在一個同樣喧嘩的網吧且幾乎玩著同樣的網路節目的藏漢年輕人中，我再次打開那個視頻，再次看見了囊帕拉山口的雪紅雪白。

除了將近3分鐘的錄影，還有數張很清晰的圖片，年輕的邊防軍人無動於衷的臉與一群穿著單薄的孩子凍得青紫的臉形成強烈的對比。影像顯然比文字更具震撼的力量。雖然這些拍攝者並不是專業的攝影師，他們的專業或者說專業之一本是登山，然而正是這些非專業的拍攝者在專業的登山運動中記錄下了突如其來的人間悲劇，很難想像專業的攝影師會有如此難得的巧遇。天憐藏人啊，讓藏人的慘死發生在一群來自各國的登山者的眼皮底下，於是舉世皆知。這也實在是這個冷漠的世界應該正視藏人的苦難了，否則天理何在？儘管不知究竟是幾個人所拍，也不知他們的名字、國籍和長相，但是這些並不重要。重要的是，我看見了，我們看見了，許多人都看見了。

在網吧裏我反復地點擊視頻，看了一遍又一遍，淚水幹了，每個鏡頭都留在了記憶之中。我甚至有了一種亦在現場的感覺，與這些登山者一起，目擊在潔白的雪地上像兩條細細的黑線似的生命隨著刺耳的槍聲倒下，變成兩粒黑點，而其他移動著的細細的黑線突然飛快地移動起來，這是槍口餘生的藏人在捨命逃亡，我亦在現場，我亦在逃亡，我亦是那粒黑點被士兵像拖條死狗一樣拖著，在雪地上變成一條彎彎的黑線，我亦是那個躲藏在登山者的廁所帳篷裏，向著救助自己的登山者雙手合十的藏人驚懼萬分。世界上最高的山峰——珠穆朗瑪目睹了這一幕。

反復重播的經驗使我多少感覺慰藉。這一次，發生在囊帕拉山口的屠殺，確實被公眾看見了。很偶然地，很意外地，很巧合地，先是被眾多的國際登山者（這是多麼重要的證人）看見了，然後被這個網路時代的我們看見了。如果沒有網路，至少在旅行途中的我是不可能看見的。而且也因了網路，即使我在旅行的途中，在充滿了煙味煙霧以及其他亂糟糟的氣味和被網路刺激得尖聲喊叫的少男少女的網吧中，也可以看到其他散佈在各地的朋友把槍擊視頻的鏈結位址，通過E-mail發給我以及更多的人。這就是現代科技的力量，當現代科技如此服務于人的良心時，我對其感恩。

5.

可是山子寫到：「令我吃驚的是，在我得到的反饋中，漢人網友的震驚超過藏人朋友。這種對暴力的習慣，比暴力本身還可怕。」

是的。年輕的藏人學子們仍然風花雪月著，已不年輕的藏人精英們仍然無病呻吟著，時髦的話題如原生態、裸露、婚外戀、藏獒被熱烈地議論著。轉貼在藏人網站上關於囊帕拉的消息不斷被刪，不見反響，而一個上海女子去西藏旅遊了一趟之後寫的貼文卻掀起軒然大波，許多藏人被她的評語「野蠻！

骯髒！造物主對西藏有仇？」氣得暴跳如雷。

同樣，在康地旅行的路上，我見到了不少藏人，城鎮的，鄉村的，以及寺院的；男男女女，各行各業，受過多元教育的，不識一種文字的。可當我講述發生在囊帕拉山口如狩獵般的槍殺，聽到的歎息看到的悲憤並不太多。我可以對此解釋這不是藏人反應不足，更多的是對暴力的恐懼；恐懼加上習慣，使得暴力成了家常便飯。但我也有猶豫，是不是這樣的事件超出了很多人的生活範圍，所以哪怕慘無人道，也很難放到心上？可是，比如山子，他不是藏人，他遠在美國，按理說這事件更是遠遠地超出了他的生活範圍，為什麼他卻痛徹肺腑，並且追問：

太多人從地緣政治角度來看西藏、來看殺人事件。我在想，為什麼不能從個人——人的角度來看看呢？一個士兵在雪地上，半跪下來，瞄準，射擊。他這樣做的時候在想什麼？他看到了什麼？難道沒有看到對面有女人、有孩子，他射過去的金屬東西，碰到人的肉體，是會痛的嗎？是怎麼樣的心理活動使軍人可以正當化自己的這種行為？
明明在囊帕拉，軍人完全沒有受到任何威脅，人們避之唯恐不及，雙方是獵人和獵物的關係。現在大家都知道捕殺藏羚羊不對，但這些士兵卻可以說服自己，對根本就無助的人一一扣動扳機。我們完全可以不談論政治，沒有政治的干擾，不管什麼政治觀點的人，都不應該正當化這樣的人，不應該如此徹底地敗壞人之間的關係。

不過，類似的震驚和思考相信不會太多。甚而至於，包括藏人在內的沈默或者麻木招致了這樣的反應：海外部分華人（不排除有些留言者可能發自國內）在網上不但破口大罵披露真相的各國登山者，誣衊登山者拍攝的是「虛假的宣傳錄影」，是「種族主義錄影」，「應該刪除」，開槍的軍人應該當時就沒收

「SB登山者的攝影器材」，還昧著良心叫喊：格桑南措該殺，中國做得對！

難道這些內心黑暗的人就是西藏人的兄弟姐妹嗎？當西藏的藝術家們諂媚地唱著「藏族和漢族是一個媽媽的女兒，我們的名字叫中國」的時候，人家卻冷冷地宣判：去你的，你該死！

6.

被認為該殺的格桑南措就是錄影中第一個隨著槍聲倒下的藏人。是一個尼姑，17歲。另一個也被槍擊起初生死未卜後知亦喪生的藏人是農民，20歲，名叫昆桑南嘉。

格桑南措的身世很快就因同鄉女伴的逃脫為人所知：家在藏北那曲的牧區，是6個孩子中唯一的女兒；說是17歲，但很有可能是按藏人計算年齡多報一歲

的習俗；說是尼姑，其實藏地的寺院屈從的是18歲才准入寺的政策，於是出家一年的她只好在家中呆著；逃亡的原因是為了去印度的西藏寺院學習，就像多衛康全藏地有許許多多農民和牧人的兒女渴望遠行印度，主要的夢想：朝聖，學習，拜見達賴喇嘛。據報導，每年都有上千藏人不顧一切地翻越喜馬拉雅山脈由尼泊爾抵達印度，其中約三分之一是兒童，他們隨後被送到流亡藏人學校，如今有的已經獲得高等學府的博士學位；還有許多僧尼，他們的目的是尋求比較完整的宗教教育，而在西藏，由於中國政府加諸所有寺院的種種限制無法獲得正常學習佛法的可能。

倒在雪地裏的格桑南措，是被中國軍人一槍擊斃，還是在冰冷的雪中流盡了鮮血才掙扎死去？我想像著她的痛苦，如同體驗著她的痛苦，但我在這個進入多季而變得寒冷的康地旅店蜷縮成一團，內心的挫敗和不甘遠遠超過想像中的肉體之痛。那麼多的逃亡者當中，被奪去生命的竟然是她：如果不出家就是含苞欲放的青春少女，如果出家就是有大段歲月要在修行中度過的清苦阿尼，於是這些身份：未成年，女性，宗教職業者，使得格桑南措成為一個命定的符號，成為西藏的象徵；使得格桑南措以她的犧牲，在那些同樣也成為象徵——西方世界的象徵——的各國登山者的目擊下，向全世界展示了西藏的犧牲。

一次次觀看槍擊視頻，有一種特別的經驗愈來愈深化：我像是看見了我認識的許多同族友人，許多同族友人的親人就在這被追捕、被槍殺的75個逃亡者當中。甚至可以說，被槍殺的格桑南措，其實就是我認識的許多同族友人，許多同族友人的親人。甚至可以說，如果有一天，我也這樣跟著許多藏人，走在只有登山者才敢於攀登的茫茫雪峰，我也很有可能會是死於非命的格桑南措。對於西藏人來說，格桑南措就是我們，我們都是格桑南措！當然，說出這樣的話是容易的甚至多少有點矯情的。

7.

爲什麼，西藏人非得以這種「偷渡」的方式，置生死於不顧，翻越連綿起伏的喜馬拉雅雪山，逃往遠離故土的印度？

如果只是因爲朝聖、探親或學習，爲什麼不能通過辦理護照的正常渠道，一路平安地走出邊界？西藏人，難道不可以像中國的其他國民那樣，帶上身份證、照片和200元人民幣，去駐地公安局辦理護照的部門，理直氣壯地申請護照嗎？難道給國民發放出國旅行護照，不是這個國家的公民應該享有的基本權利嗎？

可是，問題恰恰就是在藏地——四川、雲南、青海和甘肅的藏地，尤其是在那個被叫做「西藏自治區」的地方，藏人辦護照比登天還難。既然比登天還難，藏人就只好爬山涉水、風餐露宿地逃亡了，而逃亡中的饑寒交迫甚至流血捨命，也就成了經常發生的事情。相信誰都明白，如果並無登天之難，如果能夠像中國的其他國民那樣容易地辦護照，藏人又何必如此自討苦吃？

而逃亡者當中，最終保全性命抵達目的地的幸運者並不算多，比較多的藏人的命運正如我在康地寺院聽一個僧人講述的親身經歷：

「一直想去印度，見達賴喇嘛，聽時輪法會，留在那邊的寺院學習佛法，可是根本辦不了護照。去年夏天，坐卡車到了拉薩，住在帕廓，到處打聽去印度的門路。一個月後，別人介紹了一個可以帶路的人，但要付帶路費3000元。出發時才發現是跟57個人擠在一輛卡車上，藏巴康巴安多娃，有男有女還有好些小孩子，就這樣朝著阿裏的方向，坐了5天的車，走了7天的路，一路躲躲藏藏，晚上睡在山谷裏。有一晚睡在阿裏的那種連棵樹都沒有的山谷裏，天亮了，卻看見四周站滿了端著槍的『加瑪米』（漢軍人），連個藏身的洞都找不到。57個人就這麼全都被抓了。這是怎麼回事

呢？原來是那個『波』（老頭）出賣了我們。他的羊皮襖破破爛爛的，他的腿一瘸一拐的，他從那個下午就不遠不近地跟著我們了，我們還以為他是放牧的，結果『瑪米』（軍人）抓我們的時候，竟發現他就藏在瑪米的身後。」

更黑的黑幕還有。圍繞著這些不得已「偷渡」的逃亡藏人，從他們啓程的那一刻起，無論他們最終是否抵達目的地，無論他們是否半途被抓住，而後投入監獄，而後釋放回家，所有的過程、所有的環節都佈滿了一張張貪婪的血盆大口，朝著每一個踏上逃亡之路的藏人張開著。除了蛇頭的嘴巴、司機的嘴巴、把逃亡者出賣給邊防軍人的農民或牧人的嘴巴，還有邊防軍人的嘴巴、家鄉公安的嘴巴、牢中獄卒的嘴巴，還有另一個國家的蛇頭、員警和告密者的嘴巴……太多太多了，逃亡藏人們即使逃過了狠命的追蹤和奪命的子彈，也躲不過包括抵達尼泊爾之後的層層盤剝和敲詐，至少光是金錢就要損失好幾千甚至更多。

康地的這位僧人就這樣失去了自己的4000元：3000元原本是付給帶路的蛇頭的（翻越囊帕拉的逃亡者需付的帶路費高達5000元），結果被抓捕他們的武警阿裏邊防支隊從拉薩的蛇頭家中沒收；1000元是付給老家的公安人員的，當

他們被遣送回各自老家時，老家的公安負責領送，其中的開銷竟要他們買單。對於一個貧窮的僧人來說，4000元是一個天文數字，他積攢了多年卻在逃往夢想的路上被一搶而光。他當然非常心疼，但他更念念不忘的不是這4000元，而是那個出賣他們的阿裏老牧人：

「『貢覺松』（向三寶發誓），原來是他把我們出賣給了瑪米。後來在監獄裏聽說逃亡的沿途有些老百姓跟瑪米做生意，只要出賣一個就可以從瑪米那裏領錢，出賣得越多給得越多。這個波，不知道他吃了多少錢，他就這樣把跟自己一樣的博日給出賣了。」

被抓捕的藏人都會關押在位於日喀則市的紮西監獄。這個監獄的名字實在太荒誕了，因為「紮西」是藏語「吉祥」的意思。這到底對於哪些人意味著「吉祥」呢？是那些因為無法辦得了護照而只好逃亡卻不幸被捕、被囚的一批批藏人嗎？據說這個「吉祥」監獄可容納500名囚犯，全是逃亡藏人。由於被關押的藏人太多了，一年中有四次要釋放一批人數，為的是給新被抓獲的藏人騰出地方。在這個「吉祥」監獄，沒有律師，沒有審判，只有一旦被捕就只能默默地、沉重地服刑，通常是體力勞動，就在監獄周邊的地裏勞動，非常差的伙食，非常多的虐待，於是有的人自殺了，有的人瘋了。在「吉祥」監獄裏被關押了四個月的康地僧人說，那是我一生中最可怕的時光，我現在還會在噩夢中常常經歷。

8.

西藏的真實境況，毫不誇張地符合蘇姍‧桑塔格的這句話：「戰爭是常態，和平才是例外」。這世上，有的戰爭是那種槍聲大作、流血喪命的戰爭，正如襄帕拉山口的槍擊事件；有的戰爭，是那種在拉薩的帕廓街頭剛剛舉起手臂，放開喉嚨，還來不及完整地表達自己的訴求，就被撲上來的秘密員警死死抓住，丟入牢獄遭受酷刑的戰爭。就在旅行途中，我接到朋友的簡訊，告訴我就在這幾天，在拉薩的帕廓街頭，一位僧人因為呼喊反對奧運、要求自由的口號而被逮捕。

這些戰爭都是單方面的戰爭，是赤裸裸的強權鎮壓弱勢的戰爭，雙方的力量根本不成類比。尤其是發生在襄帕拉山口的戰爭，對方是毫無反抗能力的逃

亡者，結果在逃亡中背部中彈。沒有一個人是迎面中彈的，無論死者還是傷者。那麼這是一場什麼樣的戰爭呢？沒有反擊的，沒有回應的，惟有在逃跑中除了祈禱只能任其屠殺的戰爭，這是世上最不公平的戰爭。

而在中國邊防軍的眼中，根本就沒有把逃亡藏人當作人來看。在他們的眼中，這些逃亡藏人其實就跟老鼠、兔子、狗或者你能想到的任何一種低人一等的動物一樣，那麼向他們開槍，「就像殺老鼠、殺兔子、殺狗」一樣，有著狩獵者在狩獵場上狩獵各種獵物的樂趣，當獵物們在連續發射的槍聲中奪命而逃，開槍的士兵叫嚷著「他媽的」如同在爭先恐後地狩獵。甚而至於，西藏人恐怕連這些動物都不如，我曾經見過的那個武警小軍官，就把逃離自己家鄉的藏人看成是送死的鬼。

可是中國政府在面對世界譴責時，竟在最初撒謊說這些逃亡藏人是走私者——這世上難道有這樣的「走私者」嗎？在路上躲躲藏藏地走了17天，連充饑的糌粑都餘剩無幾，究竟會有什麼東西可以「走私」？而真正的走私者，那些出沒於邊境線上，運輸和販賣野生動物毛皮的走私者，邊防軍人又抓捕了幾個？——後來又撒謊說逃亡藏人們攻擊了邊防軍，而邊防軍是出於自衛才開槍……這就是中國政府對「囊帕拉事件」的處理方式，不是把槍殺逃亡藏人當作犯罪來掩蓋，而是理直氣壯地宣稱槍殺逃亡藏人不是罪。無恥啊！其無恥不但在於這一謊言本身，更在於這是一個扮演著法律化身的政府所為。

西藏當局的最高當權者還在最近的黨員大會上宣稱西藏的「軍警民聯防體系日益鞏固」，「邊境地區基礎設施和邊防建設收效明顯，反恐工作機制得到完善」，這等於是將中國邊防軍槍殺藏人的血腥事件狡猾地列入反恐大業之中，等於是在向世界宣佈，中國政府還要繼續嚴厲地打擊在西藏邊境出現的「恐怖分子」活動。而這也就是說，中國的邊防軍人如武警西藏總隊派駐日喀則、阿裏、山南、林芝等地的武警軍人，還可以肆無忌憚地屠殺逃亡藏人，還可以在哪怕全世界人都排隊前來觀看的現場，肆無忌憚地屠殺逃亡藏人，

其堂而皇之的理由就是：逃亡藏人都是恐怖分子。

「恐怖分子」這個詞確實已被這個國家的權力者使用得爐火純青、得心應手了。只要誰敢針對這個國家的人權狀況發出批評的聲音，權力者就會把矛頭完全不顧事實地轉移到「恐怖分子」的話題上來，而且說誰是「恐怖分子」誰就是「恐怖分子」。西藏人真的是該死了。如果世人非得說西藏人也是人，不該「像殺老鼠、殺兔子、殺狗」一樣被槍殺，那好，我們就說17歲的女尼格桑南措是恐怖分子，20歲的農民昆桑南嘉是恐怖分子，75個包括了一群幼年孩童的逃亡藏人全都是恐怖分子！這就是強權中國的邏輯，在今天這個世界上，誰又能奈他幾何？

至於在現場的那些登山者以及通過視頻觀看現場的世界各地的觀眾，目睹中國軍人毫不在乎地向逃亡藏人開槍、毫不在乎地抓捕幼年孩童、毫不在乎地把格桑南措的屍身拋入冰川，頗為困惑地發問：他們怎麼可能有這樣的自信和勇氣，來鼓動他們毫無顧忌地進行如此可怕的獸行？他們哪里來的自信和勇氣，認為自己的行為是合理的、合法的而沒有任何不安？但這樣的思忖，實在是把他們給美化了，給正常化了，給非法西斯化了。身為鎮壓機器的他們何嘗需要考慮合理或合法？他們的自信和勇氣又何嘗與合理、合法有關？何況如今的中國自以為已經強盛到了不需要向世界掩飾諸如此類的殘暴行徑，你愛看不看！

9.

所以「他們不在乎我們在看」，目瞪口呆的登山者說。所以「這個世界假裝看不見」，山子憤怒地批評。

看來這個世界是欺軟怕惡的。──「他們決定袖手旁觀。他們不是告訴中國領導人必須停止屠殺無辜的人民，而是決定和這些領導人觥籌交錯、握手言歡，還送上奧運聖火，換取中國的訂單、貨物、貿易利益，然後一轉身，他們向達賴喇嘛奉上祝福、敬意和金牌，一個還不夠，一次次送，並稱讚西藏人對和平與慈悲的堅守不渝。」

山子的話很殘酷。我從看到這些話起，就不願再看見。可是從9月30日到今天，整整兩個月了，這期間，北京大張旗鼓地宴請非洲各國的首腦，其中一個成績就是讓吃了嘴軟的那些首腦們無視中國人權的黑暗；這期間，中國的最高首腦聲勢浩大地去了印度，為的是鞏固中國和印度的經濟體關係。而這幾年，為了尋求「西藏問題」的出路而努力營造藏漢對話的良好環境，西藏流亡政府一直要求印度以及世界各地的流亡藏人取消任何反對中國的抗議和示威活動，期望以善意、溫和的方式得到比較樂觀的回應，但事與願違，形勢卻越來越惡化，中共在西藏的當權者號召要與達賴喇嘛進行「殊死鬥爭」，境內藏人的生存空間愈發遭到鉗制，當9月30日響徹囊帕拉山口的槍聲傳到世界，流亡藏人的悲憤席捲了達蘭薩拉和其他藏人社區，但也只是席捲了這幾個地方，連新德里和孟買都只能在週邊波及，因為印度政府不允許讓胡不爽。一位年輕藏人絕望得甚至點火自焚，但也沒有感化這個世界的硬心腸。

連印度的知識份子也看不下去了。一位歷史學者歎道：「說起來令人難過，但是事實是，藏人人少、無足輕重，他們的事業註定失敗。印度人民仍然認為藏人的抗爭是正義的，但是現在印中關係緊密了，西藏的事業必將受損。」一位印度作家一針見血地指出，這意味著「為了貿易，人權只得讓路」。

沒有幾個人關心西藏的。沒有幾個人。這個世界，本質上就是這麼殘酷，永遠都是贏家通吃。

西藏人自己的諺語說得好：漢人疑心重重，藏人充滿希望。許許多多藏人都愛把這個諺語掛在嘴邊，自嘲著說，無奈著說，絕望地說，沒心沒肺地說。

但也只是說說而已，懷著各種各樣的情緒說完了，還是那樣，依然滿懷希望，或者說滿懷的是夢想。有個安多藏人說，我的夢想是，如果我有一個兒子，我就給他取名「自由」。我奉承道，哦，「讓旺」（藏語的「自由」），聽上去多麼好聽；心裏卻想，這個夢想很容易實現的，一個男子，正當壯年，有的是澎湃如潮的精子。許許多多藏人都會念叨這個諺語，可是只有那個叫戈爾斯坦的美國人，把這句話印在了他給一代藏人平措汪傑寫的傳記上。平措汪傑，平汪先生，藏人中最早的共產主義信徒，藏人中率先與中國軍隊一起進入西藏的合作者，藏人中的格瓦拉。這倒不是說他擁有格瓦拉那樣的生平事蹟，而是他們有著同樣的理想和激情。如果格瓦拉不那麼早犧牲的話，如果他也活到了平汪先生如今80多歲的高齡，他是否還要做共產主義的信徒？他會不會同卡斯楚搞路線鬥爭？我不知道格瓦拉會變成什麼樣，但我讀到過平汪先生在2004年至2006年連續三次上書胡錦濤，呼籲中共當局與1959年因為中共入藏而不得不逃離西藏的達賴喇嘛對話，呼籲讓達賴喇嘛重回故土。而這個出於解決「事關整個藏區的長期安寧與持續發展以及各民族的平等團結、共存共榮的重大問題」的懇求，卻如石沉大海，毫無回音，難道又是藏人千萬個夢想中的又一個夢想嗎？

10.

不過這個世界假裝看不見並不足為奇，可怕的是藏人自己也假裝看不見。半個世紀來，連續不斷的由暴風驟雨的革命帶來的一個個殺劫，我們的畫家們，有誰描繪了？我們的音樂家們，有誰悲歌了？我們的作家們，有誰記錄了？我們的詩人們，有誰哀唱了？竟然啊，就這樣，竟然就像是從來也沒有發生過，發生的都是「翻身農奴把歌唱」，「共產黨來了苦變甜」。

有著流亡身份的友人從美國打來電話說，看拉薩親戚結婚的錄影，那麼多拉薩人，打麻將，「鬥地主」（一種撲克賭博），唱歌，跳舞，喝的是啤酒紅酒

和青稞酒，吃的是藏餐中餐和西餐，就不禁傷感：是不是，拉薩人的心裏早已經淡忘了，麻醉了，快樂才是人生大事？

快樂當然很重要。可是一路上，在康地旅行時常常因自然的美景、人文的親切而感到快樂的一路上，總有什麼讓我如鯁在喉，如箭穿心，就像一位在中國內地工作的安多藏人為此寫下的詩句：「看這些血淋淋的兄弟姐妹／我們應該怎樣？／又能夠怎樣？／我們難道只有無動於衷嗎？／隨著時光的流水／我們是否也已流盡了最後的一丁點良知？」在途中的另一個網吧，我看到中國一位名叫高渝的自由記者獲得國際上的「新聞勇氣獎」，雖然並不瞭解堅持揭露強權政府的她有哪些所作所為，但她的答謝辭中引用的一句話刻在了我的心上：「你有槍，我有筆。」

你有槍，我有筆。而我的筆就如登山者手中的攝影器材。是的，在遭遇發生在囊帕拉山上的槍殺時，僅僅有各國登山者而沒有數位相機、照相機和錄影機這些攝影器材，全世界又如何相信囊帕拉山上真的槍殺了平民的事實？中國政府又如何面對囊帕拉山上真的槍殺了平民的事實？「口說無憑」，他們肯

定會這麼說的。事實上，即使有了真正的憑據——照片和錄影，他們還是敢於無恥地說這是假的，是編造的，是拼湊的，屬於西方反華勢力的動作。幸而這世界不會乖乖地聽從他們的指令，幸而這世界不是今天的西藏，已經喪失了為自己辯護的權利。

你有槍，我有筆。願我的筆書寫被槍殺的格桑南措的名字，願我的筆復活被槍殺的格桑南措的生命，而這僅僅是為了格桑南措以及像格桑南措一樣的罹難者嗎？不，這對已經死去的人不存在這個問題，而對依然活著的我們才是值得捫心自問的問題。

一位叫諾布贊波的藏人在流亡他鄉的歲月中這樣問自己：

我們的犁已經折斷
我們應當把它變成什麼東西？——
一枝筆？
一杆槍？
或者，我們僅僅燒毀它
忘記曾經有過這樣一件東西？

11.

山子繼續來信：

「囊帕拉事件」的後果，與我原先想像不同，昏睡者依舊昏睡，冷漠者冷漠依舊，什麼也沒改變。也許只改變了幾個西方登山者，真是於事無補。當權者的傲慢不令人意外，但是我幾乎找不到一個同情者，讓我大吃一驚。在一個留言欄裏，有人要我多為小戰士想一想，他們如果不開槍可能會大禍臨頭，要我不要對小戰士那麼「冷漠無情」，我簡直要昏倒——到底

誰「冷漠無情」？怎麼會有人這樣思考問題？

另外有一位「冷靜」的觀察者，從這次流亡政府對事件的低調反應，看出他們「態度比較好」。不知道態度要怎麼好，才能讓他們滿意？這種居高臨下真讓人受不了。

後來我反思，我到處乞求漢人的「同情」，是不是仍然有漢族中心主義在心裏作祟？如果漢人多一些同情心，我會感到舒服一些，似乎減輕些罪責？這種下意識想法其實也是不對的。當然，漢人如果多一些同情，對解決問題有幫助，不過那是另一個問題了。

幸好漢人中還有山子。幸好漢人中還有胡佳，這個被軟禁在北京家中已經4個多月的社會活動者，在電子郵件中表達了他勇敢的同情和建議：

在這個藏族女僧人被槍殺的地方樹立紀念碑；建立藏族的瑪尼堆和經幡紀念死者和這次死亡歷程；組織漢族和世界登山志願者聲援、陪伴甚至護航每年藏人遷徙的隊伍。我第一個願意做這樣的志願者。

我依然是在旅行途中的網吧裏看到這段話的。說真的，我很感動，雖然我知其不可能太不可能了，但我依然銘感於懷。原因無他，正如達賴喇嘛期望的：

多少世紀以來，西藏人和中國人相鄰而居，多數時間和平友好相處，偶爾也有戰爭和衝突的時候。今後，我們也沒有別的選擇，只有毗鄰而居。⋯⋯如果我們選擇與中國待在一起，我們應像兄弟姐妹一樣一起生活。如果我們選擇分手，我們應該做一個好鄰居。無論如何，與中國持長久的友好關係應該是西藏一項根本的原則。

12.

「曩帕拉事件」之後，自由亞洲藏語部於10月17日和10月25日製作了兩次專題節目，採訪了幾個槍口餘生、仍有餘悸的逃亡藏人，有與格桑南措一起逃自藏北那曲的同鄉女尼、16歲的卓瑪白吉和赤列旺姆，有錄影裏躲在登山者的廁所帳篷被登山者掩藏的年輕男子、逃自藏東甘孜的洛桑曲登；還有一位23歲的僧人土登次仁，用帶有工布口音的藏語說，不爲別的，就想見嘉瓦仁波切（藏人對達賴喇嘛的尊稱），從小就信仰他，如果見了他，明天後天就死都可以。

那麼，哪怕全世界看見了也無所謂，哪怕全世界都看不見也無所謂，哪怕全世界看見了還要假裝看不見也無所謂，只要西藏人自己這麼說，只要年輕的西藏人自己這麼說，即使不是全部，也足以告慰犧牲的西藏本身了。

13.

然而，就在今天，就在「囊帕拉事件」發生兩個月的今天，就在我的這篇文章原本已經劃上句號的今天，我在一個藏人網站看見網站總監的一篇新作，為網站開始出現「八卦」和「惡搞」的文章叫好，且寫到：

兩年多時間過去了，如今上網的這些藏族人，終於鬆了一口氣，可以輕鬆地表達自己，慢慢地說出自己的不違法、不亂紀的心裏話了，這種變化，說明至少是使用漢文字的這一部分藏族人，更多地瞭解了國家的法律法規，更清楚地強化了自己的公民身份，自己享有權利和義務的意識開始逐步覺醒，哦，我們也是這個國家的公民，我們也可以像漢族老大哥一樣大著嗓門說話，也可以向別人公開宣洩、傾訴，我們有了快感，也可以在人前面大喊！哦……四項基本原則的圍牆原來很寬，裏面可以放火箭啊！——這種變化，我覺得非常好，它是積極的，進步的，有利於我族同胞身心的健康發展，同時作為這個飛速發展的時代的一份子，我們也沒有被時代拋棄，我們有自己的聲音，還有血肉。

是嗎？是這樣嗎？有意思，呵呵，太有意思了，甚至讓我琢磨不透。究竟是我們小心翼翼的藏人精英變得犬儒，還是話中有話，含有反諷？雖然有些「八卦」和「惡搞」或也算是一種曲折的表述，幽默的卻也是戰戰兢兢的諷刺，讓人笑中有淚，但我已無語。

是為補記。並向山子的「雪紅雪白」致以由衷的敬意。

2006年11月30日，「囊帕拉事件」整整兩個月，於北京

注：這篇文章中所採用的圖片，拍攝者俱為目擊「囊帕拉事件」的國際登山者，向他們致以深深的謝意。

2007：拉薩碎片

1.屏障

西藏失去的僅僅是地理上的屏障嗎？是什麼樣的力量長驅直入？僅僅是外面的空氣嗎？僅僅是外面的男人和女人嗎？我看見，西藏的另一種屏障在崩塌，那是西藏文明的屏障，土崩瓦解，四分五裂，這才使西藏不再是西藏了，或者說，這是西藏不得不出現的化身，卻因諸多變故，喪失了身份和資格。

2.禁忌

儀軌中的禁忌，這是需要瞭解的。只有瞭解禁忌，才會知道哪些是「犯戒」，哪些是「玷污」與「被玷污」，哪些是永不可能從頭再來。

那樣的細節：一些不容觸犯的禁忌被觸犯，一些不容改變的儀軌被改變，一些不容取消的習俗被取消；那麼，遭到損害的，甚至終究顛覆的，會是什麼呢？比如飲食上的禁忌：不吃口味強烈的蔬菜，不吃水中動物和長著奇數蹄子的動物，等等。我還應該更多地瞭解。只有瞭解得越多我才能明白一個什麼樣的世界被瓦解了。那麼，遵守以及堅持呢？遵守並且堅持這些禁忌和儀軌，或者恢復已經消失或者殘缺的禁忌和儀軌，是不是在重建一個世界呢？

3.蓋房子

突然之間，好像西藏人都不知道怎麼蓋房子了。他們住了一輩子的老房子，被說成是這裏那裏都有毛病，於是他們只好退在一邊，等那些會蓋房子的人來。那些人都是中國內地各省份的農民，去西藏之前還拿著鋤頭在地裏幹活呢。可是他們很厲害，一到西藏，一轉身就變成了會蓋房子的人。於是在西藏，如何蓋房子變成了一門外來的手藝，又因是「包工隊」的傑作而變成了別人傳統的一部分，反倒與自己的傳統就此告別了。

4.方塊字

走在街上，所有的招牌上都書寫著方塊字，對於我一眼即明白，亦可視若無物，但對於許許多多不認識中文的藏人，永遠不解其意，並且提醒他或者她，已是一個外人。好笑吧？你在自己祖輩生活的土地上，你的血脈就在這裏，但你已經仿如外人。

斗大的方塊字就懸立在我們的頭頂上，絲毫感覺不出對於這個古老的城市存有多少古老的敬意。如果有一點敬意尚存，那麼請給藏文字同樣的一席之地，或者讓藏文字不要寫得處處錯別字。我姨姨騎自行車時不慎闖了紅燈，被交警攔住，懲罰她站在路邊舉著小旗維持交通秩序，可我姨姨看見路牌上的藏文不禁失笑。那路牌上的漢文寫得沒錯：紅燈停，綠燈過；可是藏文卻寫錯了，恰好意思相反。姨姨指著藏文說，這明明寫著「紅燈過，綠燈停」，我沒做錯啊。姨姨堅持我不認識漢文，只認識藏文，所以我沒錯。交警雖亦是藏人，卻不認得藏文，於是在我姨姨的狡黠面前，只好放行。

5.尋常人生之變

所謂「之變」，是變化——劇變，漸變，皆有。

如婚禮之變。朋友說江蘇東路拉薩市市政公司院內有三個婚慶場所，「現在的婚禮沒多大意思，盡是打麻將的。原來的婚禮要搞七天，我結婚時變成了三天，現在居然只有兩天了，而紅包是越來越多，一般朋友在200左右，領導幹部就沒有上限了。我參加過幾次要人的婚禮，聽說有人包10萬的紅包，汽車因擁擠而一直排到了馬路上，甚至還動用

不要以爲這是中國內地某一景，這是在拉薩街頭拍到的。

交警看車。也有包100到500的，其實50到100的也算普遍。」而所謂的「要人」，「自然是有權人，尤其是一些實權領導或現管負責人。」

如喪葬之變。2005年底和2006年初，我參加了兩次葬禮。一次是傳統的天葬，一次是新式的火葬。一個是止貢提天葬場，一個是建在堆龍德慶縣的殯儀館。兩種方式，兩種感受，一個在上升，看見的是一線光明照耀著來世，讓我感恩生命；一個在墜落，令人骨頭也發冷。奇怪，就是如此對立的感受，不是親身經歷難以體會和分辨。當然人各有不同，所以曾經對天葬因不知而不解的我自己，由此反而清楚了我將來的喪葬方式。

從青稞酒換成啤酒（曾經流行喝「黃河啤酒」和「藍帶啤酒」，現在流行的是「銀子彈」和「百威」），從糌粑換成米飯（還得是泰國香米，但極有可能是中國假大米）和漢式麵條（拉薩街上，成都人的大碗麵終於戰勝了陝西人的揪麵），從酥油茶、甜茶換成可樂（有一度，那是比較早的時候，都要喝「健力寶」，甚至全中國都不喝「健力寶」了，西藏人民還只喝這個甜水不可），從

牛羊肉換成水煮魚、基圍蝦以及「王八」，這些似乎都是一夜之間而已，藏人
們就這麼搖身一變了。飲食結構的轉變，會不會使人種也會隨之而變呢？

變，就是好嗎？變，意味著有得有失。得到的也許是不需要的，而失去的也
許是最需要的。

6.打麻將

我們的習俗變成了打麻將。家裏打，單位打，茶園打，朋友聚會打，到處都
在打。清一色，一條龍，杠上開花。賭資從數十到數百甚至更多不等。而拉
薩經常盛傳著因為沉迷於麻將導致家破人亡的故事。

何時起，西藏人被麻將征服？

為什麼，人家回族就不那麼愛打麻將？而挨著回族居住的藏人卻像患了傳染
病一樣，一個個再也離不開麻將桌？一個藏人，不會說漢話卻會說所有麻將
牌的名字，在今天已經普遍。一個藏人會說漢話但更會說麻將桌上的順口
溜，在今天同樣很普遍。

不用別的，只用一副麻將就可以把藏人的魂迷住。再多一瓶啤酒的話，就可
以把藏人的魂奪走。

7.飯館

如今拉薩的飯館，四面八方，各地口味。「玉包子」把四川人的小吃帶來
了，讓我的成都友人丹鴻吃著酸辣粉時眼淚汪汪，因為她覺得味道做得跟成
都一模一樣。最難忘的是，2002年去轉神山崗仁布欽時，清晨竟然被「賣饅

頭」的叫賣聲驚醒，一時竟不知身在何處。要知道，那可是遙遠的西藏西部、海拔高達5000米的地方啊，賣饅頭賣到了崗仁布欽，令人不由不佩服河南人民頑強的生存能力。

拉薩著名的飯館一條街「德吉路」上有一家「贊普宴」，據說是拉薩某大貴族的後人所開，因為該貴族是某世達賴喇嘛的家族，穿著紫色錦緞藏裙的領班用厚重的四川味的普通話得意地介紹：我們老闆是王室家族。哈！就這「贊普宴」，每個包間都用西藏曆史上最輝煌的藏王來命名，這間是「松贊干布」，那間是「赤松德贊」，所以嘛，食客可以這麼打電話來預訂包間——「喂，給我定『松贊干布』」，或者，「我要『赤松德贊』」。

8.說唱藝人

我沒有見過說唱「喇嘛嘛尼」的藝人，但見過在街頭說唱格薩爾的藝人。格薩爾是世界上最長的史詩中的神明似的傳奇英雄，說唱格薩爾的民間藝人據稱源于神授也顯得十分神奇。他們習慣於漫遊生活，從一個部落唱到另一個部落，從這個節慶唱到下一個節慶；同時，必不可少的，他們還需要一些物品幫助他們進入某種出神入化的狀態，如一頂白帽、一根白杖、一面銅鏡、一幅唐卡，甚或是一張白紙。當然，這說的是過去時代裏的說唱格薩爾的藝人，如今似乎亦不復如是。

那是一個長相英俊的藏北牧人，頗有表演天賦，在傍晚的帕廓街頭吸引了許多轉經的人和遊客。有意思的是，我的一位初次到拉薩的朋友把他拍攝的照片給拉薩的一位文人看，這位文人故弄玄虛地趕緊把相機舉在頭頂上以示頂禮，還說這是十分難得的相遇，朋友見到了一位神秘的成就者，結果把我的朋友驚喜得不知所措。後來我又在大昭寺廣場遇見過這位說唱格薩爾的藝人。後來聽說他被西藏電視臺發現，不久果然在某頻道的藏語節目見到了

他。士別三日，當刮目相看。他換上了非常鮮豔的藏裝，臉和手都很乾淨，甚至臉上有了化妝的跡象，不停翻飛的手指沒有了街頭演唱時的汙黑。甚而至於，他的目光裏似乎已經失卻在街頭說唱時的純淨，他的神情裏多了電視上那些藝人的俗氣。

9.葉慈的詩

嘲笑那些年輕的一代
從頭到腳都變了樣
失去了心和頭腦
低劣的溫床上長起來的低劣品

10.蒙羞的、已經蒙羞的驕傲

因為拉薩，拉薩人的驕傲由來已久，所以拉薩人會這樣讚美拉薩：

上天是八輻條的吉祥輪
大地是盛開的八瓣蓮花
天地間一座永恆制勝的寶殿裏
自現著八幅瑞相
向佛主的身、語、意祈禱吧
吉吉　索索
吉吉　索索
願神佛保佑

這首讚美拉薩的歌謠給我們提供的是一幅聖地景象，光聽這首歌謠，拉薩完全擔得起「聖地」這個名字，拉薩完全名副其實。而在僅僅只是由這樣一首歌謠所展示的聖地景象中，拉薩人似乎可以做得到短暫的失憶，就像在夏日的林卡中喝得微醺時悠悠揚揚地唱著「囊瑪」和「堆諧」，唱者也罷，聽者也罷，在「囊瑪」和「堆諧」的旋律中，拉薩猶如身陷污泥而不染的蓮花，更像一個失去的美景正在回歸。

然而意為「聖地」的拉薩真的是聖地嗎？

目睹黃昏時分的廢墟寺院，使人為之黯然神傷。已無任何驕傲可言了。有的驕傲也是蒙羞的驕傲。有什麼值得驕傲的呢？如今，拉薩人還有什麼值得驕傲的呢？

在許許多多家庭都有人失散過、流亡過、被捕過、關押過、槍殺過之後，在歷經了不計其數的訓斥、禁令和監控之後，這麼多的有形的不自由，這麼多無形的不自由，難道這個古老的城市，拉薩；以及生活在這樣一種狀態之中的拉薩人，其精神，其面貌，還會是輕鬆舒展的嗎？還會是無拘無束的嗎？還會是自在自如的嗎？不會了，不會了，再也不會了。那麼，曾經有過的驕傲也不復存在了。

11. 奴隸

當奴隸的時間長了就會成為習慣。然後會每日遵守著奴隸的規矩，恪守著奴隸的本分，安於奴役狀態。只要在麻木不仁的奴役狀態中找到當奴隸的最好感覺，便足矣。

12.盧梭的話

「一般來説，一個被長期奴役及其所伴隨的而消耗得筋疲力盡的民族，會同時喪失他們對祖國的熱愛以及他們對幸福的情操：他們只是想像著處境不可能更好而聊以自慰；他們生活在一起而沒有真正的聯合，就好像人們聚居在同一塊土地上而被斷崖峭壁分開那樣。他們的不幸一點也觸動不了他們，因為野心蒙蔽住了他們。因為除了自己所鑽營出來的那個地位之外，沒有人能看清楚自己的地位。一個民族處於這種狀態之下是不可能再有一個健全的制度的，因為他們的意志和他們的體制已經同樣地腐化了。他們再也沒有什麼可喪失的，他們再也沒有什麼能獲得的，由於受了奴隸制的蒙蔽，所以他們看不起他們所不能認識的那些財富。」

「我從來沒有看見過一個民族一旦腐化之後而又能恢復德行的。」

「一個腐化了的民族，在恢復了他們的自由之後要保持自由，就會遇到世上一切的困難。」

13.達賴喇嘛的偉大

從一個民族的角度來說，達賴喇嘛的偉大，在於他表達了這個民族最深厚的慈悲和堅忍。

這是惟一贈與我們的幸運和恩情。感謝佛、法、僧三寶，從未放棄我們！

2007年2月－3月，隨記於拉薩

《時間之輪》：曼荼羅的再現

1.

最後的鏡頭。

崗仁布欽（位於西藏阿裏，乃藏傳佛教和印度教等最神聖的山）。果然如同一尊坐著的佛。

拍攝的角度是特別的。

從瑪旁雍措（崗仁布欽對面的聖湖）嗎？還是從崗仁布欽下面的哪條河？不，應該是瑪旁雍措，在我的記憶裏是這樣的。

波光粼粼的水，竟像無數盞燃燒著火苗的燈。像祖拉康的千盞酥油供燈。但這火苗不是紅色的，而是藍色的。當火焰的純度達到極限，就會轉變成藍色，是這樣的吧？

2.

半年的尋找和等待是值得的。

年初。在拉薩，恪守著戒律，持誦著心咒，呼應著遠在印度的時輪金剛灌頂法會，但想像不出是怎樣的情景。

流亡印度的詩人東賽幾乎每日發來現場的圖片。從AOL「美國線上」可以鏈

結所有的電臺。還有別的代理伺服器亦可以突破網路封鎖。於是親眼所見了，親耳所聞了。足矣？

發現一部紀錄片——《時間之輪》。介紹說，2002年，德國電影大師赫爾佐格去印度的菩提迦耶和奧地利的格拉茨，拍攝達賴喇嘛主持的時輪法會。哪里找得到？

數月後，在民大讀研究生的旺傑說他的電腦上有。還有《喜馬拉雅》。不是法國人拍的故事片，而是BBC拍的遊記片。全都下載了。可是最想看的那一部打不開。BBC裏有一段十分鐘左右的片斷，響徹達賴喇嘛爽朗的笑聲，非常歡喜，反復重播。

幾天前，從網上驚見《時間之輪》，不遠不近就在天津。感謝網路和快遞，此刻我已看了兩遍。

3.

古老印度的音樂。

菩提迦耶。佛陀選中的世俗家園，「他在一棵樹下找到了佛光」。

2002年。時輪金剛灌頂法會。五十萬名佛教徒，西藏的、蒙古的、不丹的、臺灣的以及西方的，等等，雲集在這棵樹下。

格魯巴（藏傳佛教格魯派）的喇嘛用彩色沙子再現曼荼羅（梵文Mandala，佛教密乘的重要名相，壇城之意，象徵淨土）。沙化的圖像。基本平面的。方寸之間的。據說有幾百個佛住在其中，赫爾佐格表示很難理解，達賴喇嘛笑著告訴他：「曼荼羅是一幅關於內心世界的圖像，象徵了我們的身體和宇宙。這不是外部世界的圖像，而是內心的。」

盛大的法會。金剛乘的美妙在於修法者所展示的極其絢麗的儀軌之中。雖然到處都是在另一種風土上生長的花朵和樹木，但更多的是熟悉的絳紅色袈裟，親切的圖博特（TIBET）面孔，以及在傳承中沿襲的祈禱、手印和磕長頭，如同在自己的家園。

曼荼羅的外面是一座佛塔。在一排排安坐修法的僧侶中，鏡頭緩緩掃過一張曾經見過的臉，年輕的，甯瑪巴朱古（藏傳佛教甯瑪派活佛）。那年他從康來到拉薩，我們去祖拉康朝拜了覺仁波切。

很想說一說那個高聲誦讀經書的僧人。他捧著的經書不是傳統式樣，而是我們閱讀的那種。戴著眼鏡的他肯定高度近視，所以他常常把臉貼在書上，那種跟書的親密令人感動。

辨經的喇嘛在討論這個問題：我們生活的世界有兩個，一是日常生活，一是佛（的境界）。

4.

古老西藏的民謠。

我一聽就回到了十二年前。一輛載著遠行者的長途客車，在深夜孤寂而緩慢
地翻過唐古喇山口，貼緊我的耳膜的隨身聽裏恰恰迴旋著這首民謠。安多牧
人的。遼遠的。女聲的。

2002年。佛陀的本命年。傳說崗仁布欽有著與釋迦牟尼相同的屬相。成千上
萬的佛教徒奔向「崗日」（崗仁布欽的簡稱），馬年轉山將積累無可比擬的功
德。

蒼茫的雪域大地。綿延不絕的雪山。坐在搖搖晃晃的卡車上的牧人、農民和
僧侶。一步一個等身長頭的牧人、農民和僧侶。但更多的不是絳紅色的僧
侶，而是面目黝黑、牙齒潔白的牧人和農民。

「塔欽」（經幡柱）高高地樹立起來了。滿山遍野的信徒們在歡呼。煨桑。拋
灑隆達。供奉糌粑。然後念著「堅熱斯」（觀世音菩薩）的、「卓瑪」（度母）
的、「絳白央」（文殊菩薩）的、「多吉甚巴」（金剛薩埵）的、「古汝仁波
切」（蓮花生大士）的真言心咒轉山。這是屬於民間的儀軌，從雪域的山山水
水當中土生土長的儀軌。不絢麗，但同樣很美。

有一個鏡頭難以忘懷。一個磕著長頭的女子經過一條小河，她沒有跨過小河

才又磕頭，反倒雙手合掌舉過頭頂，從頂到額再至胸前，繼而緩緩跪下，跪在水中的石頭上。奔流的河水，仍然是她和她身後的女子，她們的朝聖之路。

我在歎息。因為一個月後，我也抵達這裏，卻是飛快地，飛快地環繞崗仁布欽轉了一圈。那些信徒們長達三日甚至更長時間才轉一圈的50公里路，我用了十多個小時就走完了，當時為此自得，此刻卻感到慚愧，如此速食的方式，其實並未消化精神的佳餚。在這種時候，慢才是提升，慢才會淨化，慢才能把朝聖者額頭上的傷疤轉變成度母的第三只眼睛，慢才能給那個磕了兩年半的長頭終於抵達聖地的僧人，感念到真正的平和。

5.

但是在菩提迦耶的時輪金剛灌頂法會，因為達賴喇嘛生病，取消了。盤腿而坐的信徒們震驚著，卻靜默著，祈禱著。達賴喇嘛久久地雙手合掌。影片道白：「他看上去還想說些什麼，然而要讓這麼多遠道而來的人失望，他又說不出來了。」

第一次，是的，第一次這麼近，目睹了「袞頓」（達賴喇嘛的多種尊稱之一）的痛。

6.

奧地利的格拉茨。

城堡。鐘樓。老橋。歐洲文化的精粹之地。

2002年。達賴喇嘛在這裏舉行時輪金剛灌頂法會。同樣的絢麗儀軌。同樣的曼荼羅在同樣的喇嘛手中再現。不同的是法會的場地乃穹廬似的禮堂，固然很大卻不露天，顯出另一種文化的安靜。絳紅色的喇嘛叢中多的是白人，盤腿而坐的信眾當中也有很多是白人。達賴喇嘛說：「佛教是沒有文化局限的。」

那個在西藏的監獄裏度過了三十七年的老者，在出獄後到了自由之地。僧侶們出於尊敬，為他鋪設一個座墊，讓他跟那些西方人一起接受達賴喇嘛的灌頂。

赫爾佐格訪問了他。他的遭遇，他的拉薩口音，他的白鬍鬚⋯⋯這部電影就這樣含蓄地表達了自己的立場，從人性的內心流露了對藏人命運的同情。如果連這樣的遍及西藏的真實都要回避的話，那不是一個真正的、偉大的藝術家的作為。

一沙一極樂。數日之後，彩沙形成的曼荼羅完成了再現的使命，由達賴喇嘛用金剛杵親手摧毀。塵土歸為塵土嗎？彩沙歸為彩沙嗎？重又化作塵土的或許是塵土，但重又化作彩沙的已不是彩沙，將傾入源遠流長的河水中，帶去的是這樣的願望：「所有的宗教都宣揚這一條──愛，同情，付出，忍讓，

自足和自律。」

至此，一個深厚的寓意實現了。

7.

崗仁布欽的美，在這部電影中比我見到的更美。

或許不一樣的時間，看見的同一座山卻有著不同的示現。或許我看見的只是山，但這部電影裡的崗仁布欽卻是曼荼羅的再現：人間的曼荼羅，內心的曼荼羅。

彷彿聽見達賴喇嘛又在吟誦：

只要太空能夠忍受，
只要生命依然存在，
我就會同樣堅忍，
直到驅散世界的悲哀。
（——偉大行派傳承上師寂天《入菩薩行》）

會回來的。還會回來的。必定會回來的。這就是時間之輪。

2006年7月24日，北京

國家圖書館出版品預行編目資料

看不見的西藏 / 唯色著. ──初版. ──臺北市
：大塊文化, 2008〔民97〕
面； 公分. ──（mark；66）
ISBN 978-986-213-028-5（平裝）

1. 遊記　2. 拉薩市

676.69/111.6　　　　　　96022947

LOCUS

LOCUS

LOCUS

LOCUS